La conscience inébranlable

La méditation au cœur du chaos

D1730527

Autres livres de Richard L. Haight

La méditation du guerrier
The Unbound Soul
Inspirience : Meditation Unbound
The Psychedelic Path

La conscience inébranlable

Richard L. Haight

Shinkaikan Body, Mind, Spirit LLC
www.richardlhaight.com

ISBN 978-1-7349658-3-4

Avis de non-responsabilité :
1. Certains noms et détails ont été modifiés afin de respecter la vie privée des personnes.
2. Ce livre ne se substitue pas aux conseils médicaux et psychologiques de médecins ou psychiatres. Le lecteur doit régulièrement consulter un professionnel de santé pour les questions liées à sa santé physique, mentale et émotionnelle et particulièrement en rapport à tous symptômes qui pourraient nécessiter un diagnostic ou une attention médicale.

Publié par Shinkaikan Body, Mind, Spirit LLC
www.richardlhaight.com

Table des matières

Remerciements

Le livre « La conscience inébranlable » est dédié à mon instructeur d'arts martiaux, Shizen Osaki (17 juin 1951 – 27 juillet 2020). Il était un grand mentor et un ami très cher. Je ne pourrais jamais assez le remercier pour le soutien qu'il m'a apporté dans mon cheminement et pour la Méthodologie de l'incarnation totale. Sans lui, ce livre n'aurait pas vu le jour. Son esprit continue à vivre à travers ses enfants et ses nombreux élèves.

J'aimerais remercier mes élèves Barbara Becker, Linda LaTores et Toni Hollenbeck pour leurs premiers retours sur le manuscrit et pour avoir suggéré l'ajout d'un cahier d'exercices. Elles ont fourni la majorité des questions qui constituent le cahier d'exercices.

J'aimerais également remercier mes élèves en mentorat d'avoir su relever les défis de cet entraînement, et pour leurs nombreuses questions qui ont permis de clarifier le contenu de ce livre.

Je remercie très sincèrement ma correctrice Hester Lee Furey pour son excellent travail et le soutien qu'elle apporte à ces enseignements.

Je remercie mon équipe de relecteurs Barbara Becker, Linda LaTores, Toni Hollenbeck et Rhoann Ponseti pour leur chasse à l'erreur cachée !

Je remercie le graphiste qui a réalisé le design de la couverture, Nathaniel Dasco. Il ne cesse de me surprendre.

Je remercie également ma traductrice Basma Nehnouh et ma correctrice Monique Whalen, avec qui ce fut un plaisir de collaborer.

Je remercie mon épouse, Teruko Haight, pour son soutien indéfectible de mes explorations de la conscience.

Enfin, je tiens à exprimer toute ma gratitude aux nombreuses personnes qui ont contribué financièrement à la publication de ce livre. Je n'aurais pas pu le faire sans votre aide.

Je cite ci-dessous chaque contributeur par son nom :

John Roscoe

Linda LaTores

Leila Atbi

Rhoann Ponseti

Vinod Shakyaver

Ziad Masri

Toni Hollenbeck

Aleksandra Ivanov

Matthew Jones

Jean Jacques Rousseau

Harvey Newman

Colleen Scott

Thomas Kennedy

Jason Wu

Brian Darby

Ana Cinto

Clive Johnston

Wanda Aasen

Ryan J Pitts

Barbara Becker

Mark Lyon

Je vous remercie tous du plus profond de mon cœur !

Préface

Alors que j'écris ces mots, des millions de personnes sont confinées, il est impossible pour elles de quitter leur domicile et nombre d'entre elles ne peuvent plus travailler non plus. Des millions de personnes à travers le monde sont atteintes du coronavirus (COVID-19), et chaque jour on compte les morts par milliers à cause du manque de tests, de lits d'hôpitaux et de ventilateurs. Le cours de la bourse est en train de s'effondrer, ayant perdu pratiquement la moitié de sa valeur en quelques semaines seulement. Cette baisse est bien pire que la grande dépression de 1929, au cours de laquelle il aura fallu trois ans pour que le marché perde la moitié de sa valeur. Le prix du pétrole brut a chuté de 20 $ par baril environ, incitant les producteurs pétroliers à réclamer un plan de sauvetage financier, car la plupart d'entre eux ne peuvent pas survivre avec des prix aussi bas. Personne ne sait si ces secteurs connaîtront une reprise ou non. Pour l'instant, nous sommes en plein chaos.

Depuis des années, les « preppers » ou les néo-survivalistes se préparent à un effondrement du système moderne. Jusqu'à il y a quelques mois, personne ne les prenait au sérieux. Pourtant aujourd'hui, des personnes ordinaires stockent de l'eau, de la nourriture, des munitions et du papier toilette. Aux États-Unis, même dans les villes où la majorité des citoyens se considèrent comme libéraux, à New

York ou en Californie, la demande de munitions est plus importante que la capacité de stockage des armureries.

Beaucoup d'entre nous ont peur. La situation dans laquelle nous nous trouvons est inédite, et que nous veuillions le croire ou non, le fait est que c'est notre réalité et nous ne savons pas ce que demain nous réserve. Auparavant considéré comme une denrée rare, le temps semble être devenu abondant pour la plupart d'entre nous alors que nous sommes confinés chez nous. Une fois notre situation acceptée, nous pouvons commencer à entreprendre des actions positives pour améliorer notre santé, notre force intérieure et notre conscience avec le temps dont nous disposons.

Nous ne disposons pas seulement de temps en abondance, nous vivons désormais avec la peur que notre système ne se remette pas de cette crise et que celle-ci marque la fin de la vie que l'on a connue jusqu'ici. Nous ne savons pas à quoi ressemblera notre futur.

Si on est très optimiste, on peut se dire que tout reviendra à la normale dans quelques mois. Je peux comprendre à quel point cette pensée est tentante. Cependant, elle peut faire plus de mal que de bien, nous berçant d'illusions, nous poussant à l'inaction et à maintenir des habitudes nocives. Nous pouvons plutôt utiliser ces moments pour identifier les habitudes que nous avons laissées s'installer dans nos quotidiens, qui sont malsaines, peu inspirantes, vides de sens et ne favorisent pas notre bien-être à long terme.

Être optimiste est une bonne chose, mais il est aussi raisonnable de se préparer au pire. Aux États-Unis, beaucoup de personnes n'ont pas les moyens d'acheter une arme, stocker de la nourriture ou acheter un abri antinucléaire, ou toutes les autres choses que tant de gens font aujourd'hui. Mais nous avons tous la possibilité de nous préparer d'une autre manière. Nous pouvons investir dans ce que même les néo-survivalistes ont tendance à négliger, la santé du corps, de l'esprit et de l'âme. Bien entendu, si vous avez les moyens d'établir un accès sécurisé à un abri, à l'eau et à la nourriture, vous devez envisager de le faire.

La vérité est que, même si vous avez préparé un abri, de l'eau et de la nourriture, si vous n'avez pas conditionné votre corps, votre esprit et votre âme à être puissants et capables de fonctionner sous pression, alors vous ne serez pas aussi performant, vous ne pourrez pas vivre aussi bien que si vous vous étiez préparé. Imaginez une personne perdue dans la forêt. Les personnes qui se sont trouvées dans de telles circonstances sont mortes parce qu'elles ont paniqué et ont commencé à marcher avant de se calmer. Elles ont marché pendant des heures, pensant suivre des traces de pas, mais elles ont fini par s'épuiser et sont mortes seules et apeurées. Le plus triste, c'est que bien souvent, les traces qu'elles suivaient étaient en fait les leurs. Elles marchaient en décrivant de grands cercles encore et encore sans réaliser qu'elles tournaient en rond.

Si elles n'avaient pas été aussi bouleversées physiquement et psychologiquement, ces personnes auraient peut-être été plus attentives à leur environnement et fait de meilleurs choix pouvant leur sauver la vie. Le monde moderne nous protège tellement que nous avons du mal à comprendre que les états de notre corps, de notre esprit et de notre âme sont autant d'éléments centraux dans ce que nous avons vécu et dans ce que nous vivrons. La santé de ce trio détermine la qualité de nos vies, mais aussi de nos capacités à résister à la pression avant de nous sentir submergés.

Ce livre est destiné à vous aider à harmoniser votre esprit, votre corps, et votre âme grâce à d'anciennes méthodes d'entraînement héritées des samouraïs et d'autres traditions ancestrales. La pratique de ces méthodes qui ont fait leurs preuves, vous permettra d'améliorer votre santé physique, et enrichira votre clarté mentale et votre stabilité émotionnelle.

Grâce à la mise en pratique des méthodes présentées ici, vous découvrirez votre capacité à puiser dans des ressources insoupçonnées de lucidité, de calme et d'aptitude même en étant soumis à des pressions extrêmes. Vous vous sentirez plus connecté à votre entourage et à votre environnement, ce qui accroitra votre motivation. Votre qualité de vie s'en trouvera améliorée.

Ce livre n'est pas destiné à être un guide de survie, mais nombre de ses principes peuvent sauver des vies en périodes de troubles. Il vous enseignera quelques notions de survie de base et préparera votre corps, votre esprit et votre âme à des conditions particulièrement difficiles.

Grâce à ces pratiques, votre forme et votre conscience s'amélioreront à tous les niveaux. Vos tendances à l'anxiété, la panique, le déni, la dépression ou le sentiment de manque de sens seront considérablement réduites. Vous serez beaucoup plus confiant et puissant, plus apte à relever les défis que tout humain est susceptible de rencontrer dans un monde en constante évolution.

La conscience inébranlable

Introduction

Les méthodes enseignées dans ce livre sont nées de pratiques anciennes qui aujourd'hui sont souvent associées à des rituels religieux. Cependant dans la ritualisation de ces pratiques, le plus souvent, s'est perdu quelque chose de vital : l'aspect pratique.

Pour mettre en avant les véritables applications de ces pratiques ancestrales, je les ai débarrassées de leurs éléments ritualisés de manière à focaliser les principes essentiels. Afin de vous aider à rester investi dans votre formation, j'ai également inclus un outil pour mesurer vos progrès qui sera pour vous le moyen d'obtenir un retour précieux sur votre rythme de progrès. Les exercices et le système de feedback sont accessibles à tous à la maison, indépendamment de votre niveau ou de votre expérience en méditation.

Mais pourquoi me feriez-vous confiance ? Quelle est ma légitimité pour écrire ce livre ? J'ai dédié ma vie à l'entraînement samouraï, la méditation, aux techniques de guérison japonaises, avec pour objectif précis l'unification du corps, de l'esprit et de l'âme. Dans ma quête, j'ai passé 15 ans au Japon à étudier auprès des professeurs les plus expérimentés du pays. J'ai finalement obtenu une licence de maître dans quatre arts samouraï, ainsi que dans un art thérapeutique appelé Sotai-ho.

En me basant sur les principes de pratiques ancestrales, j'ai formulé une nouvelle méthodologie d'entraînement à la pleine conscience que j'appelle la « Méthodologie de l'Incarnation Totale » (MIT). MIT s'inspire du maître Samouraï capable d'être intensément calme et en pleine conscience, et ce même au milieu du chaos d'un champ de bataille.

À partir du programme MIT, j'ai écrit la Méditation du guerrier qui est devenu un des livres de méditation les plus vendus. La méditation du guerrier est considérée comme une approche révolutionnaire, car elle permet d'être en état de méditation tout au long de vos activités quotidiennes et pas seulement lorsque vous vous trouvez dans des conditions sédentaires et protégées.

Pour résumer, la Méthodologie de l'Incarnation Totale est destinée à vous aider à résister aux pressions des situations de vie et de mort ainsi qu'au stress et aux pressions de la vie quotidienne. De plus, les exercices qui y sont présentés peuvent également vous aider à rester calme et lucide durant de longues périodes d'isolement comme celles que bon nombre d'entre nous vivent en ce moment.

Au travers de la MIT, vos aptitudes physiques, mentales et émotionnelles seront améliorées, vous permettant ainsi de gérer les différents aspects de votre vie bien plus efficacement. Tout aussi importantes, ces méthodes vous aideront également à être plus à l'aise avec les choses qui ne sont pas en votre pouvoir de changer.

Chacun des outils que nous utiliserons, y compris le système de suivi de vos progrès, servira à améliorer votre santé physique, mentale, et émotionnelle. Nous aborderons chacune de ces anciennes pratiques en état de méditation, nous utiliserons donc pour cela certains éléments de la Méditation du guerrier, l'outil fondamental de la Méthodologie de l'Incarnation Totale, pour vous aider à tirer le meilleur parti de vos expériences. Ne vous inquiétez pas, la Méditation du guerrier est plutôt agréable, la question de l'ennui ne devrait pas se poser. Même les enfants ont tendance à trouver l'expérience facile et amusante.

Si vous avez déjà pratiqué la Méditation du guerrier, sachez que vous allez avoir l'occasion de porter un nouveau regard sur la méthodologie qui vous permettra d'étendre vos capacités de compréhension et de méditation.

Psychology Today dresse la liste des bienfaits scientifiquement prouvés de la méditation ; bienfaits dont vous pourrez aussi profiter via les exercices présentés dans ce livre :

- Une meilleure fonction immunitaire, résultant en une diminution de l'inflammation cellulaire et de la douleur

- L'augmentation des émotions positives grâce à la diminution de l'anxiété, de la dépression et du stress
- L'amélioration de votre capacité d'introspection, vous donnant ainsi une vision de la vie plus ancrée et plus holistique
- L'amélioration de votre vie sociale par l'augmentation de l'intelligence émotionnelle, de la compassion et la réduction des sentiments d'insécurité
- L'augmentation de la matière cérébrale dans les domaines liés à l'attention, aux émotions positives, à la régulation des émotions et à la maîtrise de soi.
- La réduction de la réactivité émotionnelle
- L'amélioration de la mémoire, de la créativité et de la pensée abstraite

Atteindre ces remarquables bienfaits requiert de la régularité. Certains deviennent visibles rapidement, d'autres prennent plus de temps à se manifester. Pour vous aider à tenir sur la longueur, ce livre s'accompagne d'un outil de suivi de progression. Il vous aidera à observer et analyser vos progrès tout au long de votre pratique. Si vous utilisez déjà une autre forme de méditation, les principes exposés ici pourront s'ajouter à ce que vous pratiquez déjà.

Si vous pratiquez certains des exercices associés à la religion, les versions dépouillées que vous trouverez dans ce livre ont été pensées pour mettre en lumière les fondements et l'état d'esprit de ceux qui pratiquaient ces exercices originellement. Cela pourra également vous aider à tirer le meilleur profit de votre pratique religieuse.

La pratique de la conscience méditative sera aussi l'occasion pour vous de vous mettre intentionnellement dans une position inconfortable, de manière progressive. Ainsi, votre conscience ne vous fera pas défaut lorsque vous ou vos proches vous trouverez dans des situations stressantes, douloureuses ou d'urgence.

Même si certains des exercices semblent extrêmes à première vue, gardez à l'esprit qu'ils sont encore naturels et habituels dans le quotidien des chasseurs-cueilleurs à travers le monde. En outre, dans certaines parties du monde, des formes religieuses ou ritualisées de ces méthodes sont encore pratiquées.

Reconnaître que notre corps a évolué avec ces pratiques, et si elles sont faites de manière raisonnable, elles aident notre corps à être vibrant de conscience et en bonne santé. Reconnaître les bienfaits naturels des exercices enseignés ici nous aide à adopter la bonne attitude, à ne pas développer de postures de résistance qui nous empêchent d'en tirer profit.

En renforçant notre corps, notre esprit et notre système immunitaire, nous développons une relation de confiance avec celui-ci, qui n'émerge que de l'expérience de véritables défis. De la même manière que nous devenons plus forts grâce au stress induit artificiellement de l'haltérophilie par exemple, nous passons par l'inconfort délibéré de ces exercices pour en récolter les bienfaits.

Ne vous méprenez pas, le confort a son temps et sa place. Mais trop de confort nous rend faibles à tous les niveaux. Nous avons besoin de la quantité appropriée de confort pour dormir et bien digérer par exemple, mais notre corps et notre esprit ont besoin d'une quantité optimale d'inconfort pour être en bonne forme.

S'ils sont pratiqués de manière raisonnable, les exercices sont simples et sans danger. Je propose également des méthodes qui vous aideront à appréhender les pratiques progressivement, de cette manière elles ne vous paraîtront pas insurmontables ni rebutantes. Les exercices sont faciles ; vous pouvez les réaliser chez vous. De plus, ils sont pensés pour s'intégrer sans difficulté à votre quotidien.

Nous savons tous combien il est facile de trouver des excuses pour éviter de faire les choses saines que nous devrons faire. Je sais que si je l'y autorise, mon esprit essaiera d'éviter l'entraînement en trouvant des justifications ou simplement en l'oubliant. Pour invalider cette possibilité, j'ai conçu tous les exercices comme de légères modifications de choses que nous faisons chaque jour. Puisque vous devez effectuer ces tâches quoi qu'il en soit, il devient difficile de ne pas y incorporer l'entraînement sans être pleinement conscient d'être en train de l'esquiver.

Initialement, il est plutôt naturel de désirer éviter les exercices difficiles, mais en les pratiquant de plus en plus les bienfaits immédiats et à long terme deviendront de plus en plus évidents. À court terme, la sensation de bien-être que vous ressentirez après avoir effectué un exercice ne manquera pas de retenir votre attention. Vous remarquerez que vous avez alors plus d'énergie, que vous pensez de manière plus claire et que vous êtes bien plus productif durant la journée que lorsque vous négligez ces pratiques.

Ces bienfaits vous motiveront à continuer vos efforts malgré l'inconfort momentané. Ce faisant, vous réaliserez que vous êtes capable de faire face aux difficultés et de les surmonter. Cela libérera votre esprit et vous renforcera dans votre quotidien.

Au travers de ces exercices de MIT, vous établirez une relation saine de confiance entre votre corps et votre esprit. Une fois cette relation de confiance instaurée, vous verrez que votre corps deviendra votre meilleur allié et ne résistera plus à vos objectifs sages, mais parfois difficiles.

Au fil de ces entraînements, vous serez beaucoup plus conscient, positif et confiant dans votre quotidien, un résultat incroyablement important. Mais il existe également des effets secondaires que je me dois de mentionner :

Vous pourriez ressentir des moments de bonheur et de lucidité parfaite, ou découvrir de nouvelles perspectives en trouvant soudainement des solutions à des problèmes qui semblaient insurmontables auparavant.

Vous pourriez aussi vous rendre compte qu'un bagage émotionnel que vous traîniez depuis longtemps s'est dissipé.

Vous vous sentirez très certainement bien plus présent dans votre vie quotidienne et peut-être plus conscient du pouls dans tout votre corps.

Vous deviendrez également plus conscient de ce qui vous entoure. Par exemple, certaines personnes signalent qu'elles peuvent sentir quand les gens les regardent de dos ou quand ils approchent d'un danger invisible.

En tonifiant suffisamment votre système nerveux et votre esprit, vous vivrez probablement un niveau d'intimité et un plaisir sexuel accru. Vous vivrez aussi des périodes de synchronicité profonde, comme si vous viviez constamment « dans la zone ».

Certains individus vivent des états visionnaires à la suite de ces exercices. De nombreuses personnes racontent qu'elles éprouvent un sentiment d'unité transcendante avec l'ensemble de la vie, ce qui explique probablement le fait que des variations de ces pratiques aient été intégrées à tant de religions à travers le monde.

Au commencement de votre pratique, vous risquez de me maudire, mais je suis persuadé qu'une fois que les premiers bienfaits seront visibles, vous n'aurez que des choses positives à dire. Dans tous les cas, continuez à aller de l'avant !

Enfin, pour les personnes ayant des problèmes de santé, je fournis des exercices alternatifs qui permettront de travailler à obtenir une meilleure santé à un rythme adapté. Si vous souffrez de troubles cardiaques, il est préférable de consulter un professionnel de santé avant de vous mettre à cette méthode d'entraînement.

Commençons notre pratique !

Comment utiliser ce livre

Ce livre a été conçu comme un manuel d'entraînement, ce qui signifie que vous aurez une compréhension assez différente des méthodes et états d'esprit qu'il offre selon que vous mettez en œuvre les différents exercices ou en faites une lecture seule. Je suppose que sans l'entraînement quotidien proposé ici, ce livre ne serait pas très satisfaisant. En effet, ce sera son application et non la lecture seule qui sera une source d'inspiration et une invitation au changement.

Une stratégie consiste à lire le livre une première fois entièrement pour avoir un aperçu global de la méthodologie d'entraînement, puis le relire en effectuant les exercices. Vous pouvez opter pour une autre stratégie et lire et expérimenter les différentes pratiques au fur et à mesure de votre lecture. Dans tous les cas, le fait de documenter vos progrès dans le cahier d'exercices vous aidera considérablement dans votre entraînement. Le fait de prendre des notes dans votre cahier d'exercices au fur et à mesure ne vous aidera pas seulement à mieux visualiser les points clés de cette méthode d'entraînement, mais aussi à percevoir de manière plus claire les forces invisibles qui ont pu jusque-là bloquer votre conscience. Vous pouvez trouver le cahier d'exercices à la fin du livre. Si vous préférez le télécharger et l'imprimer, vous pouvez le faire via l'URL suivant :
https://richardlhaight.com/uaworkbook/

Avec une pratique quotidienne, vous observerez rapidement des changements bénéfiques profonds au niveau de votre énergie, de votre attitude, de votre façon de penser, de vos sentiments, de votre engagement et votre capacité à compléter vos objectifs quotidiennement. Ne soyez pas surpris si votre état de santé général commence à s'améliorer. Et surtout, votre conscience se développera énormément.

Enfin, gardez à l'esprit que chacun doit expérimenter ces méthodes d'entraînement à son rythme. Il est inutile de se précipiter. Adoptez plutôt un rythme qui sera juste assez stimulant sans être trop soutenu. Cela étant dit, la persévérance est la clé de toute transformation, alors assurez-vous de répondre présent et effectuez votre entraînement sans failles.

Avec vous dans l'entraînement,
Richard L. Haight

P.S. Avec ce livre, je vous offre un essai de 30 jours de mon service de méditation guidée en ligne, actuellement disponible en anglais. Je vous accompagnerai au quotidien dans la découverte de la Méditation du guerrier. Vous trouverez le lien à la fin du livre. Des milliers de personnes le font tous les jours !

Partie 1

Restructuration du corps et de l'esprit

L'entraînement MIT est conçu pour affecter le corps et l'esprit de manière globale et avec de la pratique vous pourrez incarner la pleine conscience ou la méditation dans votre vie quotidienne. Les gens ont tendance à considérer la méditation et la conscience comme des exercices purement mentaux. Tant que nous avons cette vision de la méditation, les effets bénéfiques que nous pourrions tirer de sa pratique resteront très limités.

En réalité, la plupart d'entre nous avons profondément internalisé des ornières physiques, mentales et émotionnelles bien plus ancrées que de simples pensées. Pour aborder ces domaines avec succès, il est nécessaire de comprendre quels systèmes du corps sont modifiés par l'entraînement et comment ces changements affectent le corps, l'esprit et les émotions.

À travers l'entraînement MIT, nous aborderons les trois zones de blocage : physique, mentale et émotionnelle. Pour aborder ces domaines avec succès, il est important de comprendre quels systèmes du corps seront modifiés par l'entraînement et comment ces changements affectent le corps, l'esprit et les émotions.

L'étude de la restructuration corps-esprit sera essentielle pour vous maintenir sur la bonne voie, car vous reconnaîtrez rapidement les signes parfois contre-intuitifs du progrès. Si vous êtes capables de repérer ces signes lorsqu'ils surviennent, même dans l'inconfort, alors vous vous serez encouragés à continuer l'entraînement. Tous les progrès durables exigent une pratique régulière persistante. Le fait de savoir comment l'esprit et le corps se restructurent à travers cet entraînement s'avère crucial.

Dans la Partie I, vous verrez comment le cerveau structure des voies dans son processus d'apprentissage et s'adapte au moment, mais aussi comment vous pouvez intentionnellement restructurer ces voies neuronales afin d'optimiser votre conscience dans la vie quotidienne. Vous découvrirez également les différents changements qui se produisent au niveau cellulaire, vasculaire et du système nerveux tout au long de votre progression dans l'entraînement proposé. Ces changements vous apporteront plus d'énergie et plus de résilience face à la pression, afin de rester conscients même dans l'inconfort.

Chapitre 1

La neuroplasticité

La plupart des gens supposent inconsciemment que ce qu'ils pensent et ressentent maintenant est ce qu'ils penseront et ressentiront toujours ; que les habitudes et addictions qui nous tourmentent aujourd'hui, nous accompagnerons pour le restant de nos vies. En prenant de l'âge, beaucoup de personnes ont tendance à abandonner leur capacité d'apprentissage et de changement, se complaisant dans une attitude où chacun est bien figé dans ses petites habitudes.

En fait, personne n'est à proprement parler « figé dans ses habitudes », mais cette attitude peut créer l'illusion d'être bloqué. Jusqu'à très récemment, la communauté scientifique pensait que le cerveau ne changeait plus une fois que l'individu avait atteint la maturité. Cependant, au fil des ans, certaines personnes souffrant de lésions cérébrales se sont rétablies de manière inexplicable, si on part du principe que le cerveau n'est pas capable de s'adapter. Les recherches sur ces individus ont révélé que le cerveau est constamment en train de se reconstruire. Il déconstruit les voies neuronales inutilisées et en construit de nouvelles pour aider l'individu à s'adapter à son environnement changeant tout au long de sa vie.

Grâce à l'observation indéniable selon laquelle le cerveau change constamment, l'attitude qui consiste à se dire « déterminé » de telle ou telle manière devient absurde.Beaucoup de personnes semblent être figées dans leurs habitudes, mais cette sensation de blocage s'explique en partie par la fausse supposition qu'il est naturel et inévitable de se sentir figer, car le cerveau ne peut pas changer. Si vous pensez que vous êtes bloqués, que vous ne pouvez rien faire pour y remédier et que vous ne faites aucun des efforts nécessaires pour vous défaire de vos habitudes, alors votre croyance sera autoréalisatrice. Cependant, elle reste fausse.

Pour vous aider à voir plus loin que ces limites et la sensation d'être « figé », examinons le réseau neuronal, autrement dit le cerveau, pour mieux comprendre son incroyable flexibilité, appelée neuroplasticité, et comment nous pouvons reprogrammer ce processus biologique afin d'améliorer notre qualité de vie.

En utilisant un système d'imagerie de pointe pour scanner le tissu cérébral, les chercheurs de Stanford University School of Medicine ont révélé que le cerveau humain moyen contient environ 200 milliards de cellules nerveuses, appelées neurones. Les neurones sont reliés à d'autres neurones via des points de connexion : les synapses, elles relaient les impulsions électriques d'un neurone à l'autre.

On pourrait imaginer qu'un neurone ne soit connecté qu'à un seul autre neurone, ou à quelques-uns au mieux, comme le raccordement d'un circuit imprimé, mais la réalité est bien plus impressionnante. Il s'avère qu'un seul neurone peut avoir des dizaines de milliers de connexions synaptiques avec d'autres neurones.

Étant donné l'incroyable interconnectivité des neurones, nous pourrions supposer que chaque neurone a une taille plutôt conséquente, mais encore une fois, nous aurions tort. En réalité, les neurones mesurent individuellement moins d'un millième de millimètre de diamètre.

Si vous avez déjà retourné un morceau de bois ou d'écorce dans la forêt, vous avez déjà remarqué un ensemble de fibres blanches se développant là où se trouvaient les points de connexion entre le sol et le bois. Cette matière blanche est appelée mycélium, c'est le réseau de racines des champignons. Curieusement, la matrice neurologique de notre cerveau fonctionne de manière similaire au mycélium fongique ; elle aussi transmet des signaux par le biais de composantes comme les synapses, incroyablement petites. La matrice est si complexe et si dense qu'il est difficile de conceptualiser la complexité des circuits qui composent nos sentiments, nos pensées et nos systèmes de motivation.

Étonnamment, malgré sa taille minuscule dans le monde physique, un seul neurone contient un stockage de mémoire et des capacités de traitement phénoménales. Le docteur Stephen Smith, est un professeur de physiologie moléculaire et cellulaire, avec le docteur Kristina Micheva, ils ont inventé la tomographie Array, une méthode d'imagerie qui nous permet de voir la véritable complexité du cerveau. Selon Smith, « Une synapse seule ressemble plus à un microprocesseur, avec à la fois un stockage de mémoire et des éléments de traitement de l'information, qu'a un simple interrupteur marche-arrêt. En fait, une synapse pourrait contenir environ 1 000 interrupteurs à l'échelle moléculaire. Imaginez maintenant que votre cerveau contient 200 milliards de ces mini processus fonctionnant en même temps » (Stunning Details of Brain Connections Revealed).

En nous intéressant de plus près à la mémoire conservée dans les neurones, nous découvrons que chaque neurone est influencé par tous les neurones connectés et leurs associations de mémoire. Potentiellement, chaque neurone se connecte à des dizaines de milliers d'associations, ce qui signifie que le cerveau détient un océan de mémoire dont la vaste majorité est inconsciente.

L'aspect véritablement fascinant de cette énorme carte mémoire réside dans le fait que lorsque le cerveau change, les souvenirs et associations sont également modifiés. Ce concept peut paraître paradoxal au premier abord, mais il n'a plus rien d'étonnant lorsque nous apprenons que chaque fois que l'on accède à un souvenir, nous le changeons. Il s'avère qu'en accédant à un souvenir, des aspects de votre situation actuelle s'y inscrivent, l'influençant de manière inconsciente. À cause de cette réécriture des souvenirs, de nombreux adultes ont de faux souvenirs d'enfance, basés sur des histoires racontées par des membres de la famille. Un enfant peut se souvenir d'une expérience qu'il n'a jamais vraiment vécue parce qu'il a entendu l'histoire lorsqu'il était plus jeune. Les faux souvenirs, aussi vifs soient-ils, sont un produit de l'imagination.

Étant donné la nature changeante du cerveau et des souvenirs, nous pouvons déjà entrevoir comment il est possible que le sens même de notre identité puisse changer de manière à nous stimuler ou au contraire, nous affaiblir. Pour la plupart des gens, le sens de l'identité est guidé par la mémoire. Le cerveau changeant à chaque moment, la mémoire se modifie également de manière subtile, transformant avec elle le sens de l'identité. Même si nous ne sommes pas conscients du changement, il se produira.

Une fois que l'on comprend que le cerveau change constamment, nous n'avons plus besoin d'être emprisonnés par la croyance selon laquelle nous sommes « figés » dans nos habitudes, à moins de vouloir continuer à être bloqués. Pour enrichir notre existence, nous sommes assez intelligents pour exploiter consciemment la capacité du cerveau à se remodeler constamment grâce au phénomène de neuroplasticité.

Nous savons désormais que les choses auxquelles nous prêtons attention ou pratiquons durant nos journées sont renforcées dans notre cerveau lorsque nous dormons. Pendant le sommeil, des ressources sont retirées aux voies neuronales qui ne sont pas utilisées et sont attribuées aux voies stimulées au cours de la journée. En réalisant de quelle manière le cerveau change, nous pouvons choisir consciemment de stimuler ce que nous souhaitons renforcer dans le cerveau.

Si vous ne pratiquez pas la pleine conscience de manière productive au quotidien et que vous ne dormez pas assez, votre processus d'enrichissement de la vie s'en trouvera ralenti. En supposant que vous vous exercez et que vous dormez assez bien, vous ferez des progrès notables. Même quelques minutes de méditation en pleine conscience sont profitables. D'après mon expérience et les retours de mes élèves, il est clair que les effets bénéfiques sont accessibles, même avec un rythme de sommeil perturbé. Simplement, ces résultats se manifestent plus lentement.

Votre degré d'engagement dans votre pratique méditative détermine l'intensité de la réponse de votre cerveau. Si vous prenez votre entraînement au sérieux et en faites une priorité dans votre vie, vous en tirerez probablement des avantages notables même à court terme. Cela dit, la véritable transformation a lieu sur le long terme.

La réalité à laquelle nous devons faire face, c'est que le cerveau est habitué à réagir aux stimulus de manière dysharmonique, allant à l'encontre de la conscience et créant l'effet d'autoabsorption. En prenant conscience que nous avons des habitudes contre-productives liées aux émotions et aux perspectives, nous pouvons commencer à mettre en place des changements via le principe de neuroplasticité. La seule question est de savoir si vous choisissez l'occasion de réécrire votre cerveau chaque jour.

Si vous êtes une personne âgée, vous vous inquiétez peut-être de ne pas pouvoir bénéficier de la neuroplasticité au même titre qu'une personne plus jeune. Ne laissez pas cette inquiétude vous empêcher d'implémenter des changements positifs dans votre quotidien. Les recherches ont montré qu'avec un mode de vie saine et une pratique régulière, même les personnes âgées peuvent engager un changement de cerveau productif. Continuez simplement à aller de l'avant vers une plus grande conscience ; cette démarche sera bien plus bénéfique pour vous que si vous choisissez la complaisance.

L'un des principaux obstacles que vous rencontrerez lorsque vous remettrez en question les schémas cérébraux existants avec de nouvelles perspectives et pratiques est que des sentiments gênants pourraient émerger. Se sentir gêné ou gauche est désagréable et il est compréhensible de vouloir éviter d'en faire l'expérience. Cependant, éviter ce sentiment nous éloigne souvent du progrès, car ce sentiment de maladresse est une étape nécessaire de l'apprentissage.

Pour avoir une meilleure idée de ce que je veux dire par là, pensez à la différence entre votre capacité à écrire ou lancer une balle avec votre bras dominant comparé à l'autre. La plupart d'entre nous sont tellement habitués à lancer une balle ou à écrire avec le même bras que nous n'utilisons jamais notre bras non dominant pour ces activités. Il en résulte une incompétence complète de ce second membre allant même parfois jusqu'à un déséquilibre musculaire visible entre les deux côtés du corps. Nous sommes devenus dépendants du sentiment de confiance que nous éprouvons lorsque nous utilisons notre bras dominant.

En fait, ce n'est pas seulement notre bras secondaire qui est sous-développé et dysfonctionnel, mais l'ensemble des voies neuronales du cerveau relatives à la fonction de ce bras. Votre cerveau n'est pas familier avec le fait d'écrire ou de jeter une balle en utilisant votre bras secondaire, car il ne dispose pas de la stimulation qui lui permettrait de se familiariser avec un ensemble de voies neurales liées à ces activités.

De la même manière que jeter une balle ou écrire de votre main non dominante peut être inconfortable, de nombreuses voies neuronales importantes liées à la conscience et la relation corps-esprit peuvent être sous-développées. À travers l'entraînement proposé dans ce livre, nous remédierons à cette gêne afin de faire émerger une relation corps-esprit plus connectée, avec plus de conscience et d'équilibre.

Takeda Sokaku, le célèbre maître en arts martiaux japonais, maître de Daito-ryu Aikijujutsu (la forme de Ju-jitsu que j'étudie et enseigne), était capable d'utiliser son sabre de manière égale des deux mains après s'y être entraîné lui-même. Traditionnellement parlant il faut tenir et manier son sabre de la main droite. Pour Takeda Sensei, une capacité déséquilibrée représentait une faiblesse, il a donc fait des efforts supplémentaires pour équilibrer son entraînement. Il avait alors un avantage considérable sur quiconque était entraîné à dépendre de sa main droite.

Du fait de son entraînement, sa maîtrise du sabre est devenue extrêmement flexible, comme son esprit et sa conscience. Il était en mesure d'utiliser le sabre court aussi bien que le sabre long, et deux sabres aussi bien qu'un seul. Bon nombre de ses élèves ont raconté qu'il s'entraînait constamment à tout faire de sa main non dominante dans le but d'atteindre le même niveau d'habileté que sa main droite. Il serait avisé d'adopter une approche similaire dans votre entraînement de manière à vous attaquer à vos faiblesses avec créativité.

Takeda Sensei ne savait rien de la neuroplasticité, mais il a développé des compétences incroyables et est devenu un des plus grands artistes martiaux du Japon. Après avoir entendu parler de ses méthodes d'entraînement, j'ai commencé à utiliser ma main non dominante plus souvent et pour des tâches que j'exécutais jusque-là de la main droite. Par exemple, je me suis mis à utiliser des baguettes de la main gauche plutôt que de la droite. Il a fallu quelques semaines pour entraîner mon cerveau à les utiliser de la main gauche, mais assez vite, des Japonais ont commencé à me complimenter sur ma capacité à utiliser des baguettes de la main gauche. Ils étaient même choqués quand je leur disais que je n'étais pas gaucher, et généralement, ils m'avouaient qu'ils n'étaient pas capables d'utiliser des baguettes de leur main secondaire. J'avais l'habitude de m'amuser à prendre une deuxième paire de baguettes avec ma main droite et manger des deux mains comme un crabe.

Pour avoir une meilleure idée de la façon dont la configuration de votre cerveau permet la fonctionnalité corporelle, essayez l'exercice suivant :

Prenez un stylo et écrivez votre nom de votre main dominante et observez comme cela vous semble facile et naturel. Ensuite, prenez le stylo de l'autre main et essayez d'écrire votre nom. Notez à quel point cela vous semble difficile. Remarquez également à quel point il faut vous concentrer par rapport à l'utilisation de votre main principale. L'effort que vous éprouvez n'est pas situé au niveau des muscles de votre bras, mais dans votre cerveau. En effet, il cherche à créer des connexions neurologiques qui permettront ce mouvement. Une fois que ces connexions sont suffisamment développées, écrire avec votre main non dominante ne vous sera plus difficile.

L'écriture est un défi relativement difficile à relever pour notre main non dominante, c'est donc une bonne manière de démontrer les limitations actuelles de votre cerveau et ce que l'on ressent à la création de nouvelles voies neuronales. En effectuant les exercices de ce livre, gardez à l'esprit que l'on ressent de la difficulté et de l'inconfort lorsque notre cerveau crée ces voies neuronales. Cela signifie que dès lors qu'un exercice vous semble facile et confortable, pour continuer à vous améliorer, vous devez le rendre un peu plus stimulant, pour favoriser le développement neurologique.

Appréhender l'entraînement en étant conscient de l'aspect neurologique permet de faire émerger des bienfaits puissants. En premier lieu, l'entraînement ne sera plus tant une question d'ego puisque nous serons parfaitement au fait que travailler seulement sur ce qui nous montre sous notre meilleur jour en étant à l'aise ne nous stimule pas suffisamment. En développant des capacités et en les affinant par le biais des sensations de difficultés et d'inconfort qui découlent du processus d'apprentissage de toute chose stimulante, le cerveau apprendra aussi que l'effort et l'inconfort nécessaires pour s'améliorer en valent la peine.

Plus important encore, le cerveau apprendra qu'il peut faire face aux difficultés et les dépasser pour progresser, ce qui changera complètement votre vision de la vie. Tout ce que la vie vous apporte devient pour vous un moyen de vous perfectionner au niveau physique, mental et émotionnel. Chaque instant devient une opportunité !

Chapitre 2

La stimulation du nerf vague

Maintenant que nous comprenons mieux comment le cerveau évolue et comment nous pouvons guider consciemment les changements pour servir notre développement personnel, il est temps de s'intéresser à la façon dont le système nerveux et le corps se transforment grâce aux exercices d'entraînement MIT que nous explorons dans les chapitres suivants.

Le premier changement, qui sera le plus évident résultera de la stimulation du nerf vague, qui fait partie des neuf nerfs crâniens. Le nerf vague gère un large éventail de fonctions vitales en transmettant des influx moteurs et sensoriels aux différents organes. Le nerf vague relie votre tronc cérébral à vos organes viscéraux, à travers lesquels il contrôle le système nerveux parasympathique et contrebalance les symptômes d'un système nerveux sympathique hyperactif comme le stress, l'anxiété, la panique ou d'autres réponses surrénales de type combat-fuite y compris certaines formes de dépression.

Ces réponses du système nerveux sympathique sont la source des douleurs mentales, émotionnelles et physiques que beaucoup d'entre nous ressentent au quotidien. En plus de préparer l'esprit et les émotions à une hyper réactivité et le corps à l'inflammation, ces réponses sont souvent la cause des maladresses que nous faisons lorsque nous sommes sous pression.

Heureusement, il existe plusieurs façons de stimuler le nerf vague pour passer du mode combat-fuite au mode repos-digestion du système nerveux parasympathique. Le mode repos-digestion serait celui de nos corps 90 % du temps, si nous vivions comme des chasseurs-cueilleurs, car notre corps a évolué ainsi pour survivre.

Afin que vous puissiez reconnaître quand le nerf vague est stimulé lors de votre entraînement et fait ainsi basculer votre système nerveux, penchons-nous sur la science de la stimulation du nerf vague.

Les recherches ont montré que la stimulation du nerf vague avait de nombreux bienfaits sur la santé, dont :

- La prévention de l'inflammation en aidant à réguler une réponse immune appropriée
- L'amélioration de la communication entre les intestins et le cerveau afin de fournir une intuition plus précise
- L'amélioration de la mémoire en favorisant la libération de noradrénaline dans l'amygdale, ce qui consolide les souvenirs
- L'amélioration de la régularité du rythme cardiaque via des impulsions électriques vers le tissu musculaire dans l'oreillette droite
- L'amorce de la réponse de relaxation du corps à travers la libération d'acétylcholine, de prolactine, de vasopressine et d'ocytocine
- La réduction ou la prévention d'arthrite rhumatoïde, de choc hémorragique, et d'autres maladies inflammatoires sérieuses, autrefois présentées comme incurables.

Comme vous pouvez le voir, la stimulation du nerf vague impacte profondément le corps et l'esprit. La pratique de différentes formes de stimulation du nerf vague contribuera significativement à atteindre une meilleure qualité de vie et à devenir une personne plus consciente.

Dans les chapitres suivants, nous expérimenterons plusieurs méthodes toutes efficaces pour tonifier le nerf vague et favoriser les bienfaits cités ci-dessus. Pour avoir une idée plus précise de la puissance de la stimulation du nerf vague, essayez les exercices suivants :

Note : La méthode de respiration vagale enseignée ici est une forme de manœuvre de Valsalva. Cette méthode crée une pression intra-abdominale qui peut entraîner une baisse de pression artérielle et causer des évanouissements. Le danger principal est celui d'une éventuelle chute, mais les personnes présentant des troubles cardiaques, des risques d'accidents vasculaires cérébraux, ou les personnes ayant des implants intraoculaires, ou des rétinopathies comme le glaucome, doivent consulter un professionnel de santé avant de pratiquer toute manœuvre de Valsalva. Notez également que ma référence à la « respiration vagale » ne doit pas être associée à toute autre tradition qui utiliserait ce terme, appliqué à une pratique sensiblement différente.

1. Assurez votre sécurité en vous asseyant pour prévenir toute chute en cas d'évanouissement.
2. Prenez une grande inspiration et puis retenez votre respiration en contractant l'ensemble de votre corps. Assurez-vous de contracter votre visage. Maintenez cette tension en même temps que votre respiration.
3. Vous aurez peut-être la sensation que vos poumons sont pleins, mais ce n'est pas vraiment le cas. Sans expirer l'air présent dans vos poumons, inspirez de nouveau pour finir de les remplir.
4. Retenez cet air et maintenez cette tension physique aussi longtemps que vous le pouvez.
5. Lorsque vous ne pouvez plus retenir votre respiration, expirez lentement et détendez votre corps. Puis reprenez une respiration normale.

Remarquez le calme et la détente que vous ressentez après une seule respiration vagale. Si vous aviez mesuré votre pression artérielle et votre rythme cardiaque avant et après cette respiration, vous noteriez un changement significatif. Par le biais de cette inspiration complète retenue pendant un court moment, vous avez stimulé votre nerf vague, qui lui communique avec le reste de votre corps et le met dans un état de relaxation, tout en restant conscient.

Il serait judicieux de pratiquer tous les jours la respiration vagale à petite dose, lorsque vous en avez le temps. La stimulation du nerf vague est extrêmement puissante et saine. En raison de ses effets sur l'ensemble du corps au niveau de la santé et de la conscience, tous les exercices de la MIT incluent un élément de stimulation du nerf vague.

Les changements dans les sensations, le pouls et bien d'autres choses que vous n'avez peut-être pas perçus se produisent chaque fois que vous stimulez le nerf vague. Si vous vous rappelez de stimuler le nerf vague de manière consciente chaque jour, alors vous allez améliorer de façon évidente la qualité fondamentale de votre vie.

Même si je ne mentionne pas la respiration vague lors des explications des autres activités tout au long de ce livre, vous pouvez combiner cette méthode aux autres exercices que vous découvrirez dans les chapitres suivants si vous le souhaitez. Ce faisant, vous serez surpris de la vitesse à laquelle cela votre vie sera transformée.

Chapitre 3

Les autres changements corporels

Parallèlement à l'utilisation consciente de la neuroplasticité, de la tonification du nerf vague et des améliorations de la variation du rythme cardiaque que cela favorise, nous avons recours à d'autres changements sains scientifiquement vérifiés, qui se produisent dans l'organisme à la suite de l'entraînement MIT. Dans ce chapitre, nous allons en apprendre plus sur ces changements et dans quelle mesure ils peuvent améliorer notre vie, d'un point de vue physique, mental et émotionnel.

La circulation sanguine

De nombreux exercices inclus dans nos entraînements méditatifs renforcent le système circulatoire en tonifiant les muscles des parois internes des vaisseaux sanguins : les artères, les artérioles, les veines et les veinules.

Cette tonification permet aux vaisseaux sanguins d'ajuster leur diamètre de manière optimale pour maintenir une pression artérielle et un flux sanguin adéquat même lorsque le corps est sous pression. Tonifier les muscles du système vasculaire leur permet de se dilater plus efficacement pour s'adapter au volume sanguin requis en fonction des circonstances du corps.

Le résultat de muscles circulatoires bien toniques, c'est un corps qui est capable de supporter des pressions de toute sorte en maintenant sa force et son endurance. Vous vous demandez peut-être comment la force musculaire de vos vaisseaux sanguins affecte votre conscience.

C'est une question importante. Souvenez-vous des moments de votre vie où vous vous êtes senti souffrant, faible, épuisé ou débordé. À ces occasions, vous étiez très probablement perturbé émotionnellement et mentalement, ce qui signifie que vous n'étiez pas en phase avec la conscience. Si nous aspirons à demeurer conscients et en état de méditation même sous pression, ou confronter à des facteurs de stress qui feraient perdre à d'autres personnes le contrôle de leur esprit, il faut avoir un système circulatoire fort.

Cet enseignement n'a rien de nouveau. En fait, selon la légende, les moines auraient commencé à pratiquer le Shaolin Kung-fu, car la méditation sédentaire les avait rendus si faibles qu'ils s'endormaient constamment. On dit que Bodhidharma, le moine à qui on attribue la diffusion du Bouddhisme Chan en Chine, aurait conçu des méthodes d'entraînement pour aider à renforcer les moines afin qu'ils ne s'endorment plus pendant leur pratique.

La légende raconte que Bodhidharma recommandait les arts martiaux et le travail de la respiration pour améliorer leurs capacités à méditer. Ces pratiques ont fini par fusionner avec les arts martiaux locaux et devenir le Shaolin Kung-fu que nous connaissons aujourd'hui.

Le Kung-fu actuel est probablement différent de celui qui était pratiqué à l'époque, cependant son objectif principal reste inchangé : la condition physique est importante pour notre santé, et ce à tous les niveaux. Si le kung-fu ne vous intéresse pas, ne vous inquiétez pas, nous n'apprendrons pas de techniques d'arts martiaux dans ce livre. Nous avons d'autres moyens à notre disposition pour développer le corps. Mais avant de nous plonger dans ces méthodes, intéressons-nous aux types de changements dont nous pourrons bénéficier.

Les changements cellulaires

Les mitochondries sont des organelles qui ont leur propre code génétique. Les mitochondries ne sont pas des cellules humaines, mais ce qui semble plutôt être les vestiges d'une symbiose biologique qui a eu lieu il y a des millions d'années dans des organismes multicellulaires. Une bactérie est entrée dans une cellule et a commencé à effectuer de nombreuses tâches métaboliques pour la cellule, notamment produire de l'énergie.

Si la théorie de symbiose entre la bactérie et les organismes multicellulaires est effectivement vraie, cette relation s'est avérée extrêmement bénéfique pour toutes les parties impliquées. Cette bactérie est devenue partie intégrante de la vie animale ; un partenariat durable dans lequel les mitochondries s'occupent des besoins en énergie des cellules, leur permettant ainsi de se concentrer sur d'autres activités vitales. Votre chaleur corporelle et votre énergie viennent principalement du travail de ces petites mitochondries dans vos cellules — la gratitude est de mise !

Que vous en soyez conscients ou non, les mitochondries font leur travail. Vous vous demandez peut-être pourquoi nous prenons la peine de nous y intéresser. Elles sont importantes pour notre étude ici, car en mettant en œuvre certains exercices, il est possible d'augmenter le nombre de mitochondries de vos cellules, protégeant et augmentant ainsi l'énergie vitale de votre corps. Les recherches ont montré que le nombre de mitochondries et leur fonction diminuent à mesure que nous prenons de l'âge. Une personne de 40 ans n'a qu'une fraction de la production d'énergie cellulaire qu'elle avait à sa naissance.

Lorsque les mitochondries deviennent faibles ou en nombre insuffisant pour remplir les fonctions cellulaires, le corps répond moins efficacement au stress et souffre plus des pressions auxquelles il est exposé. Sur le plan mental et émotionnel, si notre corps est faible, nous aurons moins d'acuité mentale, et nous connaîtrons plus d'anxiété, plus de dépression et plus d'émotions négatives que nous ne le ferions autrement (Pizzorno). Protégez vos mitochondries, car des mitochondries saines et abondantes affectent positivement votre santé générale (Bratic and Larsson).

De nombreuses questions concernant les mitochondries et leur lien avec le vieillissement et la santé restent encore sans réponses. Mais nous savons que l'état des mitochondries est fortement lié à l'état de santé général et au processus de vieillissement. Débarrasser le corps des cellules malsaines, des cellules qui ont des mitochondries faibles ou qui sont autrement compromises, en protégeant les cellules saines est en fait essentiel pour une bonne santé. Une autre clé pour une bonne santé réside dans la promotion du développement de plus de mitochondries.

Pour résumer, la Méthodologie de l'Incarnation Totale est une synergie de pratiques ancestrales puissantes qui viennent booster votre cerveau, renforcer votre corps au niveau cellulaire, mais aussi au niveau des systèmes immunitaires, circulatoires et nerveux, qui vont tous avoir des bienfaits directs sur votre santé corporelle, mentale et émotionnelle.

Allons-y !

Partie II

La tonification du nerf vague

De nombreuses cultures anciennes croyaient que les mots et les noms avaient un esprit divin avec un pouvoir créatif. En fait, plus que tout autre concept spirituel, l'idée que les mots ont un pouvoir surnaturel se retrouve dans presque toutes les sociétés anciennes du monde.

Par exemple, les fidèles de l'ancien christianisme adhéraient à la croyance selon laquelle le Verbe de Dieu, appelé le Logos en grec, était imprégné d'un pouvoir créateur divin duquel l'univers entier avait émergé. Les hindous d'Inde croient que les mantras, des paroles spirituelles ou des sons dérivés du Sanskrit, ont des pouvoirs spirituels et/ou psychologiques et peuvent avoir une influence sur les vies humaines de façon surnaturelle.

Ce concept apparaît également dans l'ancienne culture japonaise dans le terme *kotodama*. Le mot japonais *kotodama* est composé des caractères chinois *koto* (言), qui peut se traduire par « son, » « mot » ou « langue », et *dama* (霊), traduit par « âme » « esprit » « divin » ou « sacré ». L'idée fondamentale est que le son, le mot et la langue ont une nature spirituelle. De ce fait ils sont vivants et emplis d'un pouvoir créateur qui influence notre état physique, mental et émotionnel. L'idée selon laquelle le langage possède un pouvoir divin peut sembler absurde aux yeux d'une personne moderne, mais cela fait tout à fait sens du point de vue des anciens, qui étaient bien plus en phase avec la nature que nous le sommes et à qui il manquait un cadre scientifique pour décrire leurs perceptions.

Nous commencerons la Partie II en explorant quelques sons fondamentaux du point de vue des peuples anciens, afin de mieux comprendre pourquoi la croyance que le langage et les sons sont sacrés se retrouve dans toutes les cultures anciennes du monde. Une fois que vous comprendrez mieux cette perspective, vous serez prêts à bénéficier des avantages d'une pratique saine, laïque et fondée sur des principes. Avec une perspective fonctionnelle du langage et des sons en ce qui concerne la conscience, nous explorerons la dimensionnalité du son en le produisant à l'aide de notre corps. Cette pratique sert à augmenter considérablement notre réceptivité aux exercices qui suivront et à améliorer notre conscience dans son ensemble.

Enfin, grâce à cette conscience de la nature du son nouvellement développée, et à une meilleure conscience corporelle du son, vous apprendrez à sentir quels sons offrent la plus grande valeur thérapeutique pour votre corps à un moment donné. La sensibilité et la conscience développée tout au long de la Partie II vous serviront de base pour les exercices suivants.

Chapitre 4

Les sons primaires

Les peuples anciens reconnaissaient que les êtres humains sont infiniment plus capables de « créer » et de modifier leur environnement que les autres animaux. Du point de vue des peuples premiers, qui étaient proches de la nature, toutes les créatures sont parentes. En partant de l'idée que nous sommes très proches des autres créatures, il est naturel de se demander pourquoi les êtres humains ont une telle capacité à influencer leur environnement, par rapport aux autres animaux.

Les humains ont réalisé que leur pouvoir ne résidait pas dans leurs crocs ou leurs griffes comme la plupart des autres créatures, mais que leur force vient de la pensée. Ils ont également compris que la pensée est structurée par le langage, et que cette structure est héritée de leurs ancêtres et qu'elle transcende l'individu.

À leurs yeux, le langage est une inspiration divine remontant au commencement de l'humanité. Ils se sont rendu compte que si un individu veut apporter des changements au monde, il ou elle doit d'abord être capable d'imaginer le changement souhaité en ayant une vision du futur désiré puis mentalement articuler un plan pour y accéder.

Si le plan nécessite l'aide des autres, alors il faut le leur communiquer. Si les mots sont clairs, inspirants et en accord avec leurs besoins ou désirs, alors ils soutiennent ce plan avec la force de leur langage et de leurs efforts physiques.

Nous sommes conscients que nous sommes liés à toutes les autres créatures sur le plan génétique, et que nous possédons un pouvoir incroyable nous permettant de modifier notre environnement (de manière positive ou négative) bien supérieur à toutes les autres créatures. Le pouvoir des mots nous a aidés à survivre dans un monde dangereux, sans griffes, ni crocs, ni fourrure, ce qui est un véritable exploit. Compte tenu de ce fait, il est facile de comprendre pourquoi la parole était considérée comme vitale, et même sacrée pour les anciens.

De leur point de vue, la dimension sacrée du langage tire ses origines des vibrations de sons bruts. Penchons-nous sur le fondement même du langage, les voyelles. Les sons de voyelles A, I, U, E, O fournissent les vibrations fondamentales des systèmes linguistiques à travers le monde, qui sont ensuite modifiées par les consonnes, les pauses, les coups de glotte, etc.

Les sons de voyelles sont obtenus avec la bouche et la gorge dégagée. En revanche, les consonnes impliquent un son arrêté ou coupé par les dents, la langue, les lèvres ou une constriction des cordes vocales. Pour avoir une meilleure idée de ce que sont les vibrations des voyelles, vous devez vocaliser les sons, comme on le ferait lors d'un chant. Essayons d'abord de chanter le son « Ah » en ressentant les vibrations qui en résultent dans l'ensemble du corps. Essayez d'émettre un son fort d'aussi bas dans votre corps que vous le pouvez. Lorsque le son « Ah » est chanté correctement, vous remarquez que les vibrations semblent se propager dans le corps.

Maintenant, comparons avec une consonne typique comme le K. Lorsque vous essayez de chanter le son K, qui serait alors « KAH », la partie contenant le K est temporaire, tout au début de votre chant et ne peut pas être maintenue. Le K disparaît rapidement pour laisser place au son « Ah ».

Le son K est défini, dans le sens ou il est impossible de le maintenir, alors que le son « Ah » peut durer le temps d'une respiration entière, ce qui signifie qu'il est indéfini. Ce qui est défini est banal et ce qui est indéfini est transcendant.

Le son « Ah » peut durer dans le temps, être combiné avec n'importe quel son et se trouver dans n'importe quelle position pour créer des sons plus complexes, il est donc considéré comme transcendant ou sacré. Dans cette mesure, K et les autres sons qui ne peuvent pas être maintenus sont considérés comme des sons ordinaires. Pour éviter tout mysticisme inutile dans notre entraînement, nous définirons tous les sons transcendants comme des sons primaires et nous y ferons référence de cette manière tout au long de nos exercices.

Au vu des définitions exposées dans le paragraphe précédent, nous comprenons maintenant pourquoi les sons de voyelles A, I, U, E, et O peuvent être qualifiés de transcendants (primaires). Quelques consonnes correspondent à la définition des sons transcendants. Notez que les sons des consonnes M et N créent des vibrations qui peuvent durer dans le temps lorsqu'on les chante, indépendamment de leur position dans un mot.

Essayez par vous-même. Elles ne sont pas considérées comme des voyelles, car elles sont produites grâce à un élément fermé (les lèvres pour le M et la langue contre les dents pour le son N). M et N seront donc considérés ici comme des sons primaires.

Qu'en est-il du Y ? Y n'est pas un son primaire. Dans certains cas, il se prononce comme la voyelle I, comme dans le mot « Hymne » par exemple, le son produit donc une vibration durable. Mais Y peut aussi prendre son propre son, comme dans « Yeux » où le son produit n'est pas durable, il a donc les propriétés d'une consonne.

Vous vous demandez peut-être à quoi bon connaître la différence entre les sons primaires et secondaires pour quelqu'un qui ne croit pas au sacré. Les sons primaires, lorsque les vibrations sont étendues, comme pendant une chanson, stimulent le nerf vague ; ce qui améliore la santé physique, mentale, et émotionnelle comme nous l'avons évoqué dans le Chapitre 2.

Vous obtiendrez les bienfaits de la vocalisation des sons primaires indépendamment de vos croyances. Il s'avère que psalmodier est une technique de survie ancestrale. Maintenir une bonne santé était vital pour la survie lorsque les humains n'étaient pas si isolés des éléments. Les anciens ont donc tiré profit de ses sons.

Comme mentionné plus haut, les sons primaires remplissent deux fonctions fascinantes. Ils constituent la base du langage qui est la fondation même de notre capacité à penser et de notre pouvoir d'adaptation. Les vibrations des sons primaires présentent également des avantages pour notre santé sur le plan physique, mental et émotionnel. Nos lointains ancêtres ont pu en tirer profit et tout comme eux nous pouvons en tirer des bienfaits en les utilisant nous aussi.

Pour vous familiariser avec ces sons, essayez de combiner les sons « Ah », Ee », « Ew », « Eh », « Oh », « Mmm » et « Nnn ». Vous vous rendrez alors compte à quel point ces sons sont similaires aux chants de moines tibétains et grégoriens ainsi qu'aux chants des populations autochtones du monde entier. Évidemment, ces chansons contiennent également des consonnes, car elles sont composées de phrases qui ont un sens. Vous pouvez aussi ajouter des consonnes, mais soyez conscients que ce sont les vibrations maintenues de ces chants qui favorisent la stimulation du nerf vague. Pour mieux appréhender ces sons, je vous invite à télécharger le fichier MP3 des sons primaires :

https://richardlhaight.com/primarysounds/

Nous espérons que vous pourrez ressentir la profondeur de ces sons grâce à la petite expérience de ce chapitre. Au-delà de la contribution pratique à notre langage et à notre santé, il s'avère que la vocalisation correcte des sons primaires sur un temps assez long peut mener certaines personnes à un état visionnaire qui transcende le moi, qui ne peut être décrit autrement que comme un état transcendant, même par une personne sans croyance religieuse. Cet état ne peut pas être atteint par le biais de sons secondaires ou de consonnes.

Examinons les données scientifiques connues concernant les sons primaires, la respiration, le nerf vagal, et la façon dont tout cela affecte notre santé et notre conscience.

Le nerf vague relie le tronc cérébral aux organes vitaux, mais aussi à la paroi postérieure du conduit auditif externe, la partie inférieure de la membrane tympanique ainsi que l'oreille moyenne (nerf vague). Chanter des sons primaires produit une hausse notable de la force de la réponse vagale, qui est elle-même déterminée par la variation de la fréquence cardiaque.

Plus la variation du rythme cardiaque entre le moment de l'inspiration et l'expiration est importante, plus le tonus vagal est bon. Lorsque nous inspirons avant d'émettre le son « Ah » par exemple, le rythme cardiaque augmente. Puis lors de l'expiration, en émettant le son, notre rythme cardiaque baisse notablement. Le fait de produire des sons primaires d'une manière qui se rapproche de la récitation de mantras renforce le tonus vagal, mais les bienfaits ne se limitent pas à cette amélioration. Le système limbique se calme également. Le système limbique est le centre émotionnel du cerveau. La stimulation du nerf vague, par quelque procédé que ce soit, stabilise nos émotions et nous permet d'atteindre une plus grande lucidité.

Si nous mesurions les ondes cérébrales avant, pendant et après avoir chanté des sons primaires, nous pourrions alors observer que les ondes cérébrales passent des ondes bêta, un état de pensée facteur de stress, aux ondes alpha, un état réparateur. Regarder la TV nous fait aussi passer en ondes alpha. La différence réside dans le fait que la stimulation du nerf vague est un état méditatif de pleine conscience, alors que regarder la TV est un état inconscient.

Chapitre 5

Les dimensions sonores

Chaque son primaire a sa propre résonance, forme et direction vibratoire qui peuvent être ressenties dans le corps. Plus vous êtes habile à vocaliser ces sons du plus profond de votre corps, plus les formes, les dimensions et les flux directionnels de chaque son sont évidents. Pour avoir une meilleure idée de la dimensionnalité différente de chaque son, nous pouvons les vocaliser les uns après les autres sans marquer d'arrêts entre chaque son.

Voici comment sentir la nature de chaque son :

- Asseyez-vous ou tenez-vous debout, confortablement.
- Détendez le corps et défocalisez l'esprit tout en ressentant l'ensemble du corps physique.
- Commencez à vocaliser « Ah » en ressentant les vibrations dans votre corps pendant quelques secondes. Observez la forme et la direction vibratoire de ce son.
- Passez au son « Ee » pendant quelques secondes et notez le changement de forme vibratoire par rapport au son « Ah ». Remarquez la direction dans laquelle le son se propage.

- Continuez en changeant de son avec « Eu » pour une courte durée. Ressentez et notez la forme et la direction dans laquelle se propage ce son comparé au son « Ee ».
- Passez au son « Eh » et notez le changement, la forme et la direction du son.
- Changez de son et passez au « Oh », ressentez ses caractéristiques.
- Émettez maintenant le son « Mmm » et observez sa nature.
- Enfin, produisez le son « Nnn » et ressentez sa dimension.

Pour mieux les ressentir, produisez-les tous au cours d'une seule respiration pour vraiment percevoir les changements d'un son à l'autre.

« Ah »

« Ee »

« Eu »

« Eh »

« Oh »

« Mmm »

« Nnn »

Si ce n'est pas déjà fait, je vous invite à télécharger le fichier MP3 des sons primaires sur : https://richardlhaight.com/primarysounds/

Vous pouvez maintenant voir et sentir clairement les différentes dimensions de chacune de ces vocalisations de sons primaires. Vous avez certainement remarqué que le son « Ah » se propage dans l'ensemble du corps, le son « Ee » créée une forme étroite, mais large rappelant celle d'un disque à l'horizontale au niveau de la partie supérieure de la poitrine ou de la gorge. Le son « Eu » lui se propage vers le haut dans une forme conique, alors que le son « Eh » prend une forme conique également, mais se dirige vers l'avant. Le son « Oh » est un son sphérique qui s'étend de son point d'origine dans toutes les directions de manière égale. En comparaison, le son « Mmm » est sphérique lui aussi, mais plus petit que le son « Oh ». Quelle forme prend le son « Nnn » ?

Ne vous inquiétez pas si vous n'êtes pas sûr des différentes dimensions d'un son. Le développement de la conscience corporelle et la sensibilité font partie des bienfaits des exercices de sons primaires. Il vous faudra peut -être un peu de pratique avant de pouvoir clairement sentir les dimensions des sons et mieux comprendre la façon dont ils se propagent. Je recommande de pratiquer chaque son un peu chaque jour pour le ressentir.

Pendant votre pratique, remarquez tous les sons qui vous semblent difficiles à produire dans les profondeurs du corps. Généralement, lorsqu'on commence à psalmodier les sons primaires, beaucoup de personnes produisent ces sons depuis la gorge, ce qui donne une tonalité plus aiguë que ce qui est idéal pour l'entraînement. Pour vous aider à produire les sons plus profondément, placez vos mains sur le diaphragme, la zone qui se situe juste en dessous du sternum pour sentir plus précisément cette partie-là. Essayez de faire venir le son de cette zone. Le fait d'ouvrir un peu plus grand la bouche vous permettra d'avoir une tonalité plus grave et vous pourrez alors sentir le son plus bas dans votre corps.

Ne vous préoccupez pas d'obtenir des sons parfaits. L'objectif de l'exercice n'est pas d'améliorer votre voix chantée ou de vous produire devant les autres. Le raffinement des sons s'améliorera avec la pratique. Le plus important reste de se détendre, de sentir et d'apprécier le processus, sans lequel il est difficile d'obtenir les bienfaits méditatifs de cette pratique.

Chapitre 6

La thérapie sonore

Peut-être avez-vous remarqué que lorsque vous produisez les différents sons, votre corps semble affecté positivement par certains sons et peu enclin à la production de certains autres. D'autres sons semblent plutôt neutres. Notez les sons qui provoquent des sensations particulièrement positives, ils seront bénéfiques pour votre santé.

Pour en tirer un maximum d'avantages pour votre santé, concentrez vos efforts sur la production de sons qui provoquent des sensations positives. Essayez d'émettre chaque son en ressentant la réponse dc votre corps « Ah », « Ee », « Eu », « Eh », « Oh », « Mmm » et « Nnn ».

Vous reconnaîtrez le son thérapeutique pour vous, car il vous aidera à vous sentir bien, il provoquera une sensation satisfaisante. Gardez ce son à l'esprit, vous en ferez usage. Vous voulez également découvrir quel est le son auquel votre corps est actuellement réticent. Être à l'écoute de ces deux extrêmes vous aidera à vous connecter à votre sensibilité physique et votre conscience, ce qui facilitera certains exercices à venir.

D'expérience, je peux vous assurer qu'il n'existe pas de son qui convienne à tous. J'ai aussi réalisé que nos corps changent constamment, donc le son qui semblait si satisfaisant ce matin pourrait ne plus l'être à midi ou ce soir. La clé est de faire les sons sans aucune attente, de ressentir leurs effets sur votre corps puis de sélectionner celui qui semble le plus satisfaisant à ce moment-là. Programmez un minuteur sur cinq minutes et vocalisez l'ensemble des sons thérapeutiques.

Comme vous l'avez certainement remarqué en pratiquant ces différents sons, même peu, les vocalisations tonifient votre nerf vague et vous permettent d'atteindre un état méditatif assez rapidement. Une autre raison soutient l'utilisation de cette pratique : le développement d'une conscience subconsciente.

Si nous considérons l'esprit comme un océan, ce qui est une métaphore typique lorsqu'on fait référence à l'esprit et la conscience, la surface, changeante et agitée, représenterait alors l'esprit. Plus nous plongeons en nous éloignant de la surface dans ce qui représente le subconscient, plus nous accédons à la conscience et la lucidité. Les sensations permettent de plonger plus profondément dans ce subconscient. En nous entraînant à ressentir les différences entre les sons, et plus particulièrement les sensations que chacun d'entre eux fait naître dans notre corps d'un point de vue thérapeutique, nous devenons plus conscients de notre subconscient, qui est régi par ses propres courants.

Le niveau de conscience le plus authentique se trouve sous l'ensemble des courants. Lorsque ce niveau est atteint et maintenu au quotidien, c'est ce que nous appelons l'incarnation totale. Avant de pouvoir vivre à ce niveau de conscience, nous devons être pleinement conscients des courants qui existent entre la surface et le calme. S'entraîner dans le but de développer la sensibilité intérieure est le secret pour plonger délibérément dans l'océan du subconscient en profondeur.

Pour vous aider dans votre pratique, vous pouvez affiner chaque son en le produisant de manière aiguë puis grave, pour noter quelle forme est la meilleure pour vous et votre corps à ce moment-là. Imaginons que vous ayez testé l'ensemble des sons primaires, et qu'à ce moment précis le son « Ah » vous convient parfaitement. Pour trouver la tonalité exacte du son « Ah », commencez par émettre le son aussi gravement que possible, il faudra alors que votre bouche soit grande ouverte et que le son vienne du diaphragme. Tout en produisant le son, déplacez lentement son origine vers la gorge. Si vous y arrivez, la tonalité du son « Ah » devrait augmenter considérablement. En augmentant lentement la tonalité, remarquez exactement quel ton semble le plus thérapeutique pour votre corps à ce moment-là.

Une fois que vous avez une meilleure idée des sons et tonalités qui sont les plus bénéfiques à l'heure actuelle, essayez aussi d'identifier la tonalité et le son auquel votre corps semble le plus hostile. Pratiquer de cette manière augmentera au fur et à mesure votre conscience et votre sensibilité physique et vous permettra une forme de communication consciente avec votre subconscient.

Une fois que vous avez trouvé les sons thérapeutiques et les sons indésirables, assurez-vous de terminer votre pratique en travaillant sur le son qui a produit le plus grand bénéfice thérapeutique pour votre corps. Partez toujours sur une note positive si vous le pouvez.

Partie III

Entraînement de base pour gérer la pression

Vous avez maintenant appris à utiliser plusieurs outils pour améliorer votre santé, votre sensibilité physique et votre conscience méditative. Dans la Partie III, vous allez découvrir un nouvel outil qui mettra sans aucun doute vos capacités à l'épreuve.

Si vous êtes débutant, la première pensée que vous pourriez avoir est que vous n'êtes pas prêt pour un défi. Chassez cette idée de suite, car elle ne reflète pas la réalité. Les premières fois que vous mettrez en pratique l'entraînement à la gestion de la pression décrit dans la Partie III, vous serez peut-être dépassé, mais ce serait le cas, quels que soient votre niveau et votre capacité méditative.

Voici ce qui se passera : les premières fois, vous aurez l'impression d'être dépassé, mais en peu de temps, vous remarquerez des progrès rapides et la réalisation de cette progression encouragera la pratique de l'entraînement à la gestion de la pression.

L'entraînement à la gestion de la pression que nous utiliserons tire ses origines d'une pratique religieuse ancestrale connue sous le nom de purification par l'eau. Nous mettons ici de côté les éléments religieux pour ne garder que les principes fondamentaux de cette pratique. L'adhésion à ces principes de base transformera la purification par l'eau en un outil puissant d'entraînement à la conscience.

Une fois que nous nous serons familiarisés avec la méthode de base, nous explorerons la technique de respiration appropriée en lien avec la pratique, ainsi que certaines variations de la méthode qui vous permettront d'effectuer les ajustements nécessaires, selon vos circonstances quotidiennes. Une fois que nous aurons abordé les différentes variantes, nous parlerons des différents problèmes de santé qui pourraient nécessiter de faire de légères modifications afin de permettre un entraînement productif et sans danger.

Enfin, nous apprendrons à utiliser un puissant outil de suivi d'évaluation des progrès dérivés des sons primaires qui révèlera avec précision où vous en êtes dans votre entraînement, afin que vous puissiez augmenter le niveau de difficulté de manière appropriée.

Chapitre 7

La purification par l'eau

La purification par l'eau est présente au sein de toutes les cultures et religions à travers le monde. Par exemple, Jean le baptiste, un prophète juif du temps de Jésus, est décrit dans la bible baptisant des personnes en les immergeant dans l'eau de la rivière comme un sacrement central de ses enseignements messianiques. Il est écrit que Jésus est allé trouver Jean pour être baptisé avant de commencer son ministère. Évidemment, le baptême est toujours très répandu dans les traditions chrétiennes aujourd'hui, mais le baptême tel qu'il est pratiqué de nos jours ne ressemble plus à celui de l'époque de Jean.

La tradition de purification par l'eau connue sous le nom de *tvilah* dans le judaïsme est bien antérieure à Jean le baptiste. On la retrouve dans la Loi de Moïse, écrite plus de mille ans avant la mission de Jean. Le rituel de *tvilah* requiert que l'individu soit immergé dans un point d'eau naturel appelé *mikveh*. On dit que par l'immersion dans l'eau, la « pureté » de l'individu est restaurée. Le rituel sert à purifier une personne qui se convertit au judaïsme, avant d'entrer dans le temple saint ou après avoir touché un cadavre par exemple.

Il existe dans la culture japonaise une pratique similaire appelée *misogi* (禊), qui se traduit par « effectuer les ablutions ». Dans la tradition shintoïste, *misogi* signifie se débarrasser des impuretés par l'eau, et cela se fait sous une cascade. Encore aujourd'hui des personnes pratiquent le *misogi* dans des cascades qui se trouvent dans de grands temples bouddhistes, ou des sanctuaires Shinto à travers le pays.

Cette pratique est typiquement effectuée en se déshabillant jusqu'aux sous-vêtements. Tout en priant, la personne se place sous la cascade et y reste aussi longtemps que possible avec l'intention de se détacher de toutes impuretés spirituelles ou de prier pour autrui.

En raison de l'accent mis sur les éléments ritualistes et religieux et de la perception que ces pratiques sont nées d'anciennes superstitions, les éléments pratiques de la purification par l'eau ont été largement oubliés. Il est compréhensible de perdre de vue les principes de base lorsqu'on prend en considération que la purification par l'eau était un outil utilisé pour les rituels d'exorcisme dans de nombreuses religions à travers le monde. Si l'on ne croit pas aux esprits, l'exorcisme, et par association la purification par l'eau n'ont aucun sens.

Malheureusement, en rejetant cette pratique, nous avons relégué à la corbeille des superstitions une des pratiques les plus importantes pour notre santé et notre bien-être. L'idée de se laver des mauvais esprits peut paraître absurde à un œil profane, mais si nous prenons en considération ce qu'une personne ressent lorsqu'elle se place intentionnellement sous une cascade en recherchant la purification, cette idée devient plus facile à appréhender. Permettez-moi de l'expliquer.

Certains peuples anciens à travers le monde considéraient les différents états émotionnels comme des esprits. L'idée de base était qu'un état de lucidité représentait le véritable soi, le soi pur, l'étincelle du divin. Les émotions qui provoquent la confusion ou conduisent à un mauvais comportement ou à des pensées malsaines ne sont pas considérées comme le vrai soi, mais plutôt comme des esprits qui ont temporairement possédé la personne. En termes plus modernes, nous pourrions catégoriser les états émotionnels extrêmes comme une folie passagère.

Nous avons tous déjà vécu des débordements émotifs et la peine causée par des propos trop hâtifs ou des décisions prises sous le coup des émotions. On pourrait penser que nous ne parlons que de la colère et de la précipitation, mais en fait toute forme de manque de lucidité entraînée par les émotions était considérée par les anciens comme un cas de possession.

Pensez par exemple, à l'envie d'acheter cette nouvelle voiture ou manger cette glace alors que vous savez pertinemment que vous ne devriez pas. Ou prenez l'exemple des biais émotionnels qui poussent certaines personnes à être aveugles à certains faits qui sont pourtant évidents. Vous pourriez choisir de vous laver de ces mauvais esprits si vous le pouviez.

Chapitre 8

Le défi de l'eau

Comme nous l'avons abordé dans le dernier chapitre, les anciens pensaient que l'immersion dans l'eau naturelle avec l'intention de se purifier exorcisait les mauvais esprits. À partir de cette description, nous voyons que deux des éléments qui entraient en jeu pour les anciens peuvent ne plus s'appliquer à nous aujourd'hui : le type d'eau et la croyance aux esprits. Le contexte de nos vies actuelles étant profondément différent de celui des anciens, nous devons déterminer si ces éléments s'appliquent à nous ou non.

En ce qui concerne l'exigence d'eau naturelle, nous devons garder à l'esprit que les anciens ne disposaient pas d'eau courante à domicile. Pour eux, l'eau naturelle était l'eau des rivières, des ruisseaux, des océans, etc. ; c'est-à-dire de l'eau dont la température était bien plus basse que celle du corps.

Comme vous ne pouvez pas accéder à une rivière depuis votre domicile, vous pouvez utiliser la douche. Reste à savoir si le fait de prendre une douche froide permet d'obtenir les effets purifiants. Nous devons également déterminer si la croyance aux esprits est nécessaire pour bénéficier des effets de la purification par l'eau. Si votre état émotionnel se trouve apaisé, car vous avez intentionnellement pris une douche froide, alors vous saurez que l'idée de base de la purification par l'eau est pertinente. Il faudra faire l'expérience des douches froides intentionnelles pour répondre à ces questions. Testons la théorie en réalisant une expérience.

Remarque : si vous avez des problèmes cardiaques ou que vous êtes en mauvaise santé, veuillez consulter un professionnel de santé avant de mener cette expérience.

Lorsque vous éprouvez des sentiments négatifs ou que vous vous sentez à fleur de peau, dirigez-vous vers votre salle de bain, déshabillez-vous et positionnez-vous sous le jet d'eau le plus froid possible, en ayant l'intention que le choc du contact avec cette eau froide vous débarrasse de cette négativité.

Assurez-vous de vous tenir complètement sous l'eau pendant au moins une minute. Dirigez l'eau vers votre visage, votre poitrine et votre dos. N'essayez pas d'éviter le jet d'eau. Dirigez plutôt intentionnellement l'eau vers les zones qui affecteront le plus votre respiration. Respirez en ayant l'objectif de vous détendre. Évacuez la négativité par le biais de la respiration. Au bout d'une minute, fermez votre robinet, sortez de votre douche et séchez votre corps.

Comment vous sentez-vous ?

Vous remarquerez certainement que votre corps semble plus vivant, plus stimulé qu'avant d'entrer sous la douche. D'un point de vue empirique, vous vous sentirez aussi purifié physiquement, mentalement et émotionnellement. En d'autres termes, vous vous sentirez mieux, vous aurez les idées claires et plus d'énergie. Aux yeux des anciens, vous avez été purifié.

Après avoir expérimenté la douche froide, l'idée de la purification par l'eau ne devrait plus vous paraître si absurde. Si vous n'aviez aucune explication scientifique sur laquelle vous appuyer, vous seriez vous aussi probablement enclin à penser que vous avez été purifié d'un esprit impur.

Malheureusement, un grand nombre de religions qui pratiquent ces rituels n'enseignent pas, et ne connaissent peut-être pas, la pratique saine à la source de leurs rituels. Si elle était enseignée, la pratique de la purification par l'eau ferait partie intégrante du quotidien au lieu d'être pratiquée une fois par an ou être considérée comme un rituel à réaliser une fois dans une vie.

Pour nos objectifs, nous mettrons de côté toutes les associations religieuses et nous nous en tiendrons aux avantages pratiques que nous retirons de la prise intentionnelle de douches froides, à savoir que l'on se sent beaucoup mieux physiquement, mentalement et émotionnellement. Avec de la pratique, vous vous rendrez compte que vous serez plus productif, plus conscient et que vous aurez plus d'énergie les jours de douche froide, comparé aux jours sans.

Certaines personnes pensent que prendre une douche froide est une activité extrême, car elle est ressentie comme un choc. Ces pensées résultent d'une vision moderne où nous sommes habitués à avoir accès à l'eau chaude pour chaque douche ou bain. Mais nos corps n'ont pas évolué avec de l'eau chaude. En fait, jusqu'à très récemment, se baigner dans l'eau froide faisait partie de l'hygiène et était pratiqué tout au long de l'année.

Avec l'invention de l'agriculture, les êtres humains ont commencé à mener des vies plus sédentaires. Nous avons fini par faire chauffer de l'eau pour les bains. L'eau chaude est ensuite devenue la norme et nos corps s'en sont trouvés affaiblis.

Comme vous vous en souvenez peut-être, dans la Partie I nous avons abordé les effets positifs de la MIT sur le cerveau et sur le corps grâce à la stimulation du nerf vague. À chaque douche froide, votre nerf vague sera fortement stimulé, ce qui augmentera la variation de votre rythme cardiaque, ce qui a une incidence très positive sur votre santé. La stimulation intense du nerf vague permet de réduire l'inflammation du corps. Votre santé globale sera très probablement améliorée.

Avec chaque douche froide, vous stimulez votre circulation sanguine et plus particulièrement le cœur et les parois des vaisseaux sanguins, ce qui améliore leur capacité à réguler la pression sanguine dans l'ensemble de l'organisme. Par ailleurs, la douche froide fait également travailler les mitochondries dans vos cellules, les rendant plus efficaces. Les cellules ayant des mitochondries en nombre insuffisant mourront pour être remplacées par des cellules saines. L'effet net est un élagage cellulaire qui permettra d'avoir plus d'énergie afin que votre corps soit en meilleure santé générale qu'il ne le serait autrement. Enfin, en relevant le défi de la douche froide, vous découvrirez que vous êtes plus enclin à relever d'autres défis que vous évitiez jusque là.

Pour résumer, les conséquences de douches froides quotidiennes sont un cœur en meilleure santé, un système nerveux plus tonique, un meilleur système immunitaire, une meilleure circulation sanguine et des cellules plus saines. Dans les temps anciens, ces systèmes devaient être robustes si l'on voulait survivre. De nos jours, on peut s'en sortir sans avoir un corps fort, mais notre qualité de vie en souffre.

Qu'importe qui vous êtes et quelles sont vos intentions, prendre des douches froides permet d'obtenir certains bienfaits. Ceci étant dit, si votre intention est bonne, c'est-à-dire que vous souhaitez être plus conscient en méditation, les bienfaits se feront sentir dans bien d'autres domaines. Contrer l'inertie émotionnelle à l'aide d'une douche froide renforcera votre conscience et vos capacités méditatives, et ce sous toutes sortes de pression y compris celle de la vie quotidienne.

Avant de nous engager dans ce type d'entraînement, abordons ensemble certains protocoles de sécurité concernant les douches froides.

Qui ne devrait pas prendre de douches froides ?

Bien que la plupart des praticiens mettent en garde les personnes ayant des troubles cardiaques contre les immersions dans l'eau froide (comme les bains de glace), il existe peu d'écrits à propos des dangers des douches froides. Cela dit, pour les personnes dont la santé est gravement compromise, j'inclus à la fin de ce chapitre un système progressif qui permettra à votre corps de s'acclimater plus lentement aux douches froides, si vous et votre médecin l'approuvez.

Si vous pensez avoir un problème de santé qui pourrait ne pas être compatible avec le fait de prendre des douches froides, veuillez lire l'ensemble de ce chapitre avant de vous engager dans l'expérimentation des douches froides. Même les personnes qui sont généralement en bonne santé voudront utiliser certains aspects de ce système les jours où elles ne se sentent pas bien.

La respiration de feu

La façon dont nous respirons pendant la première minute lors d'une douche froide peut faire une grande différence concernant le temps que nous sommes capables d'y rester. En tant que débutants, nous remarquerons parfois que notre respiration devient convulsive et irrégulière au moment où l'eau entre en contact avec la peau. Nous pouvons être tentés de retenir notre respiration en réponse à une situation stressante. Si nous en sommes conscients, nous pouvons alors utiliser l'expérience de la douche froide pour apprendre à guider notre respiration vers plus de stabilité.

Pour reprendre le contrôle de notre respiration dans le contexte d'une douche froide, il nous suffit de transformer intentionnellement cette respiration convulsive en inspirations et expirations complètes, rapides et puissantes. Cela permettra de tonifier rapidement votre nerf vague, d'oxygéner votre sang et même potentiellement d'augmenter la température de votre corps.

Ce type de respiration, qu'on appelle souvent le souffle de feu ou la respiration de feu, a été codifié par des moines tibétains. Cette méthode porte ce nom, car si elle est effectuée correctement, un maître praticien peut manifestement augmenter la température de son corps, et ce même s'il est assis nu sur la glace. Lorsqu'elle est appréhendée correctement, la respiration de feu n'est pas tant une technique, mais plutôt une façon de naviguer sur ce que le corps fait naturellement lorsqu'il est soudainement exposé au froid. Bien sûr, les gens ont tendance à compliquer et ritualiser des choses qui sont plutôt simples initialement. Dans notre cas, il n'est pas nécessaire de compliquer la respiration de feu. Lorsque vous commencez votre douche froide, si votre respiration est convulsive, vous pouvez utiliser la respiration de feu de façon à reprendre le contrôle de votre respiration.

Premier entraînement sous la douche

Remarque : par mesure de sécurité, programmez un minuteur pour vous rappeler de sortir avant tout risque d'hypothermie.

Pour tirer le meilleur profit de votre douche froide, prenez-la dès le matin, après être allé aux toilettes. Sans trop y penser, retirez vos vêtements et entrez sous la douche et si vous y parvenez placez-vous sous le pommeau de douche et ouvrez votre robinet en position aussi froid et abondant que possible.

Lorsque l'eau enveloppe votre corps, remarquez le moindre sursaut ou une respiration instable. Utilisez la première minute pour essayer de maîtriser votre respiration à l'aide de la respiration de feu, tout en dirigeant le jet d'eau vers les zones qui sont le plus tendues en ce qui concerne la respiration.

Une fois cette première minute écoulée, essayez de rester sous l'eau froide aussi longtemps que possible, sans jamais excéder les 10 minutes. La température du corps ne doit pas chuter au point d'atteindre l'hypothermie, situation potentiellement mortelle.

Si vous êtes capable de reprendre le contrôle de votre respiration durant cette première minute, il ne vous sera pas difficile de rester sous la douche plus longtemps. Si toutefois votre respiration ne revient pas à la normale, le défi de la douche froide sera peut-être difficile pour vous et vous ne pourrez pas rester plus d'une minute sous la douche. Si c'est le cas, ne culpabilisez pas. À force de pratiquer au quotidien, il vous sera bientôt facile de tenir une minute.

Remarque : si vous avez du mal à vous réchauffer ou si vous éprouvez une sensation de brûlure après la douche, cela signifie que la température de votre corps a baissé ; ce que nous voulons éviter. Essayez de réduire le temps que vous passez sous la douche, jusqu'à ce que les symptômes disparaissent.

L'approche graduelle

Si vous rencontrez une grande difficulté à vous placer complètement sous le jet d'eau, vous pouvez y aller étape par étape en adoptant une approche graduelle. Voici comment vous pouvez procéder.

Imaginez que vous entrez vous baigner dans une rivière, comme vous l'auriez fait dans l'ancien temps. Naturellement, vos pieds entreraient dans l'eau en premier. Plus vous avanceriez, plus le niveau de l'eau monterait le long de vos jambes, puis l'entrejambe, le bas de votre abdomen avant de vous lancer et de plonger pour vous immerger.

En prenant ce scénario comme guide, vous pouvez commencer par orienter le jet d'eau sur vos pieds, puis remontez le long de vos jambes, l'entrejambe puis le bas de l'abdomen. Vous pourrez ensuite diriger le jet sur vos bras avant de pouvoir passer à votre buste, le visage, la tête, les épaules puis le long de votre dos.

Une fois la première minute écoulée, essayez de rester sous votre douche froide pendant un maximum de 10 minutes. Encore une fois, l'objectif de la première minute est de retrouver la maîtrise de sa respiration et de se détendre pendant l'expérience de la douche froide. Si votre respiration ne se régularise pas, le défi de la douche froide sera trop difficile pour vous et vous ne pourrez pas rester longtemps sous le jet d'eau froide. Dans ce cas, il est préférable de sortir de la douche plus tôt, car votre corps ne sera pas en mesure de réguler votre température correctement si la respiration est très irrégulière.

Si vous ne parvenez pas à rester sous la douche, inutile de vous en vouloir. Vous y arriverez bientôt. Quelle que soit la durée de votre douche, notez mentalement le temps que vous y avez passé et, si vous avez pu réguler votre respiration, le temps approximatif qu'il vous a fallu pour la régulariser.

Une fois votre douche terminée, séchez-vous sans attendre. Pour les débutants, il n'est pas recommandé de se laisser sécher à l'air libre après une douche froide : la température du corps peut rapidement chuter et atteindre l'hypothermie, ce qui serait dangereux et potentiellement mortel.

La méthode du lavabo

Il existe une façon plus douce de relever le défi de l'eau froide pour les personnes qui sont plutôt en mauvaise santé, mais qui souhaitent tout de même essayer. La méthode du lavabo profitera au cœur sans vous mettre en danger. Par mesure de sécurité, consultez un professionnel de santé avant de mettre en œuvre cette méthode.

Le nerf vague étant relié à notre visage et notre nuque, nous pouvons le stimuler et ainsi avoir un effet sur positif sur le reste du corps, en nous versant de l'eau froide sur la tête, le cou et le visage. J'utilise cette méthode les jours où ma santé est légèrement compromise.

Placez votre tête sous le robinet et laissez couler l'eau froide. Utilisez votre main pour diriger le jet d'eau sur votre visage et votre cou. Continuez ainsi pendant une minute au moins. Ensuite, dirigez l'eau froide sur vos bras.

Une fois que vous avez fini avec l'eau froide, maintenez votre tête au-dessus du lavabo pendant quelques minutes pour laisser l'eau égoutter à l'air libre. Prêtez attention à votre respiration. Vous observerez peut-être que lors de certaines respirations votre corps va naturellement prendre de grandes inspirations et expirer de manière vivifiante. Séchez-vous et vaquez à vos occupations quotidiennes.

Si vous trouvez que la température de l'eau du robinet n'est pas assez stimulante pour ce défi, vous pouvez remplir un seau ou un grand bol d'eau puis y ajouter assez de glaçons pour recouvrir l'ensemble de la surface de l'eau à peu près 10 minutes avant de procéder à la méthode du lavabo. La température de l'eau devrait alors avoir le temps de baisser significativement. Retirez la glace et versez cette eau sur votre tête d'un coup si possible. Suivez ensuite le reste de la méthode du lavabo comme décrite plus haut.

Remarque finale : cette méthode peut transformer votre lavabo en véritable piscine, ce qui n'est pas un problème à mes yeux. Mais si vous préférez, vous pouvez aussi utiliser cette méthode sous la douche avec votre pommeau de douche.

Questions & réponses à propos des douches froides

Question : Je trouve que c'est difficile de me nettoyer le corps en prenant une douche froide, donc je prends aussi des douches chaudes. C'est du gaspillage de faire les deux.

Réponse : Les douches froides permettent tout à fait de se laver le corps, mais il faudra le faire à l'ancienne en utilisant un linge rêche pour exfolier la peau. De cette façon, vous retirez la peau morte, mais conservez les huiles saines de la peau. Vous remarquerez que votre peau ne s'assèche plus aussi rapidement de cette manière, elle sera aussi plus saine que si vous utilisiez du savon. Vous pouvez aussi vous laver les cheveux à l'eau froide, sans shampoing, mais il faudra compter quelques mois d'efforts pour rééquilibrer la santé de votre cuir chevelu et de vos pores. Peu de gens étant prêts à faire ce qui est nécessaire pour cela, et ceci n'étant pas le sujet du livre, je n'en parlerai pas plus ici.

Question : Dois-je prendre des douches froides pour atteindre l'éveil ?

Réponse : Cela dépend de chaque individu. Cela dit, la force intérieure qui veut éviter l'inconfort de la douche froide peut être exactement ce qui vous empêche d'atteindre ce qui peut être décrit comme l'éveil. Dans tous les cas, l'état d'éveil, si c'est votre objectif, nécessite une atténuation de la résistance au changement, aux défis et à l'inconfort. Les douches froides vous aideront en ce sens.

Question : Les douches froides peuvent-elles me rendre malade ?

Réponse : C'est ce qu'on nous a toujours dit, « Mets ton manteau, tu vas attraper un rhume ! Ne reste pas sous la pluie, tu vas tomber malade ». On n'attrape pas de rhume en ayant simplement froid, le rhume vient d'un virus, pas de la température. Cela dit, si votre système immunitaire est sévèrement défaillant et vous avez un virus causant un rhume, alors vous pourriez effectivement être malade. Le meilleur moyen de rester en bonne santé est de renforcer le système immunitaire. Pour ce faire, il faut stimuler le système immunitaire. Le concept n'est pas bien différent de celui de soulever des poids pour devenir plus fort. Pour résumer, une exposition contrôlée au froid et d'autres pressions est bénéfique pour la santé d'un point de vue général.

Question : Les douches froides en hiver peuvent-elles causer une hypothermie ?

Réponse : L'hypothermie peut se produire à n'importe quelle température en dessous de votre température corporelle. Des personnes se retrouvent en hypothermie après avoir été trop longtemps à 18 °C. La défense contre l'hypothermie dépend en grande partie de votre état de santé. La clé pour éviter l'hypothermie après avoir été exposé au froid est de réchauffer votre corps. Ce qui peut être fait avec de l'eau chaude, en mettant des vêtements secs, en buvant une boisson chaude, etc.

Chapitre 9

S'adapter aux problèmes de santé

Comme nous travaillons avec l'exposition au froid, il est important d'être conscient des pathologies qui peuvent compliquer notre entraînement, notamment la maladie de Raynaud et les maladies auto-immunes associées. Si vous ne souffrez pas de maladies auto-immunes, vous pouvez sauter ce chapitre.

La maladie de Raynaud est un trouble circulatoire qui cause une diminution du débit sanguin dans les doigts, mais cela peut également affecter les orteils, les genoux, les mamelons, les oreilles, le nez ou les lèvres. D'après le service de Rhumatologie de l'Hôpital Johns Hopkins, les symptômes du phénomène de Raynaud sont dus aux spasmes des vaisseaux sanguins dans les zones citées. Ces spasmes sont déclenchés par l'exposition au froid, au stress ou à un choc émotionnel.

Ce phénomène affecte environ quatre pour cent de la population. Sa forme la plus courante touche généralement des personnes entre 15 et 30 ans et plus fréquemment les femmes.

Lorsque la maladie de Raynaud apparaît chez des personnes de plus de 30 ans, elle est généralement liée à d'autres troubles comme des maladies auto-immunes ou des maladies touchant les tissus conjonctifs comme le lupus, la sclérodermie, le syndrome de CREST, la maladie de Buerger, le syndrome de Gougerot Sjögren, l'arthrite rhumatoïde, les maladies vasculaires occlusives, la polymyosite, les maladies sanguines, les troubles thyroïdiens ou l'hypertension pulmonaire. Ces liens sont fréquents, mais la cause réelle du syndrome de Raynaud reste inconnue à ce jour.

Les symptômes de ce syndrome peuvent varier d'un individu à l'autre, mais il existe des éléments communs. Le premier et le plus commun d'entre eux sont les doigts qui deviennent pâles ou blancs puis bleus lorsqu'ils sont exposés au froid. Ce symptôme est souvent accompagné par une sensation d'engourdissement et de douleur. Les symptômes peuvent aussi apparaître dans une période de stress ou lors d'un choc émotionnel. Il se manifeste également par des mains enflées et douloureuses lorsqu'elles sont réchauffées, elles peuvent ensuite devenir rouges. De manière générale, quelques minutes suffisent pour se réchauffer, mais dans certains cas rares, la circulation sanguine normale peut mettre plusieurs heures à irriguer à nouveau les zones concernées. Dans les cas sévères, des lésions peuvent se former sur la pulpe des doigts, ce qui peut mener à une infection et dans les cas extrêmes à une gangrène qui peut nécessiter l'amputation.

Selon le site de la faculté de médecine Johns Hopkins, un certain nombre de facteurs peuvent accroître le risque de développer le syndrome de Raynaud, à savoir : les maladies auto-immunes ou des tissus conjonctifs, l'exposition aux produits chimiques, le tabagisme, les blessures ou traumatismes, les actions répétitives comme taper sur un clavier, l'utilisation d'outils vibrants comme une tronçonneuse, ou un marteau-piqueur ou les effets secondaires de certains médicaments (« Raynaud's Phenomenon »).

La gestion du syndrome de Raynaud consiste généralement à éviter les facteurs de stress qui le favorisent, comme le froid, le stress ou les chocs émotionnels. Si vous êtes atteint, il est fortement conseillé de vous habiller chaudement et d'éviter de fumer. La caféine, les œstrogènes et les bêtabloquants non sélectifs sont souvent listés comme des facteurs aggravants, mais les preuves sont encore insuffisantes pour être sûr qu'ils doivent être évités (Wigley et Flavahan).

Je suis personnellement touché par le syndrome de Raynaud, tout comme un membre de ma famille. Dans mon cas, cela s'est déclaré sur le tard à la suite d'une complication d'une maladie auto-immune : une arthrite rhumatoïde dans ma colonne vertébrale. Selon mon médecin, cette arthrite a très probablement été provoquée par un accident de cheval alors que j'avais 17 ans, un incident qui a écrasé ma colonne vertébrale un peu comme un accordéon.

Au début de la quarantaine, les premiers symptômes du syndrome de Raynaud ont fait leur apparition dans mes doigts. Ils perdaient leur couleur avec une sensation d'engourdissement lorsque je me lavais les mains dans l'eau froide ou que j'étais en plein air et qu'il faisait froid. Ce syndrome a été pour moi une opportunité d'apprentissage. Je ne pouvais plus prendre de bains froids, ce que j'aimais bien, donc je suis passé à des douches froides modifiées. Si vous êtes atteint du syndrome de Raynaud et que vous et votre médecin y convenez, il existe quelques ajustements faciles que vous pouvez utiliser pour prendre des douches froides.

Les douches froides stimulent le syndrome de Raynaud, et pour contourner les symptômes, une astuce consiste à remplir la baignoire d'eau chaude, puis à s'y tenir debout en prenant votre douche froide. Une fois votre douche terminée, allongez-vous dans le bain chaud pour vous réchauffer.

J'ai pris l'inflammation corporelle au sérieux et ai utilisé tout mon savoir et ma conscience pour surmonter ce problème. J'ai réalisé que tout ce que je faisais déjà était extrêmement utile et anti-inflammatoire : la respiration vagale, la méditation, les psalmodies, les douches froides, une alimentation anti-inflammatoire, tout a eu un impact important. Tout cela associé à une pratique régulière, et vous avez là un protocole de pointe permettant d'empêcher ou de réduire les symptômes du syndrome de Raynaud et les maladies inflammatoires associées.

En mettant en œuvre ce protocole pendant un certain temps, j'ai découvert que je pouvais prendre des douches froides sans ressentir de symptômes du syndrome de Raynaud. Néanmoins, les symptômes revenaient si je consommais de la caféine. La caféine, tout comme le tabac, est un vasoconstricteur. À force d'expérience, j'ai remarqué une parfaite corrélation entre la consommation de caféine et l'apparition de symptômes du syndrome de Raynaud à la suite d'une exposition au froid.

Généralement, il fallait compter trois à quatre jours sans caféine pour ne plus observer de réaction de Raynaud sous une douche froide. Même le café décaféiné et le thé provoquaient la réaction, car il est impossible de retirer entièrement toute trace de caféine. Et qui sait, peut-être que d'autres substances contenues dans le café ne convenaient pas à mon corps.

Après plusieurs années de maintien d'une routine anti-inflammatoire, j'ai remarqué que je pouvais boire un café ou un thé et prendre une douche froide sans réponse du syndrome de Raynaud ; cependant, un bain froid faisait réapparaître les symptômes. Bien entendu, ce que je partage de mon propre vécu peut s'appliquer ou non à l'état de santé d'une autre personne, mais les études scientifiques montrent que les pratiques mentionnées plus haut peuvent avoir des effets régulateurs sur les inflammations et les troubles d'ordre immunitaire. J'espère que vous les trouverez aussi utiles qu'elles l'ont été pour moi.

Bon nombre de mes élèves qui ont décidé d'intégrer des pratiques de la MIT à leur routine quotidienne ont déclaré avoir remarqué des améliorations significatives dans leur état de santé. Je suppose que si vous explorez les outils qui vous ont été proposés ici et que vous vous penchez sur votre alimentation, vous pourrez vous aussi vous rendre compte que les symptômes du syndrome de Raynaud ainsi que de nombreuses autres maladies du système immunitaire s'atténueront, allant même jusqu'à disparaître parfois. Même pour les personnes ne présentant pas de maladie auto-immune, ces changements peuvent mener à une réduction ou une élimination des craquements au niveau des articulations, des torticolis et des épaules tendues.

Pour ce qui est des douches froides, si votre état de santé vous rend sujet à des réactions négatives, essayez de prendre vos douches froides en étant debout dans votre bain chaud ou très chaud. De cette manière, dès que votre douche est terminée, vous pouvez vous plonger dans votre bain afin de faire remonter votre température rapidement, ce qui permettra au sang d'atteindre à nouveau les zones affectées par le syndrome.

Si les symptômes du syndrome de Raynaud se manifestent de manière tellement extrême que même l'option du bain chaud ne fonctionne pas pour vous, la modification suivante peut s'avérer utile. Notre corps peut réaliser un stockage thermique pour empêcher l'apparition de symptômes durant la douche froide. Il faut alors commencer par remplir la baignoire d'eau très chaude et vous immerger dans cette eau jusqu'à ce que votre corps soit chargé de chaleur.

Une fois que les batteries de votre corps ont fait le plein de chaleur, levez-vous dans votre bain d'eau chaude et ouvrez le robinet d'eau froide pour prendre votre douche froide. Vous remarquerez qu'en procédant de cette manière le contact de l'eau froide n'est pas si choquant, car votre corps irradie de la chaleur. L'énergie stockée aura réchauffé votre sang, ce qui empêchera probablement votre système circulatoire de bloquer le flux sanguin vers les extrémités.

Une fois la douche froide terminée, vous vous rendrez compte que votre corps est encore chaud. Si toutefois ce n'est pas le cas, vous pouvez vous allonger de nouveau dans votre bain pour vous réchauffer.

Ce protocole devrait vous préserver des réactions sévères du syndrome de Raynaud le temps de reprendre en main votre santé. Rapidement, vous n'aurez plus besoin du rituel du prébain et avec encore plus de pratique, vous découvrirez que vous pouvez également passer l'étape de l'après-bain en toute sécurité.

D'autres handicaps

Si vous souffrez d'un autre problème de santé qui vous empêche de pratiquer les douches froides en toute sécurité, voici une autre approche qui pourrait vous convenir.

Utilisez votre lavabo ou un seau d'eau froide pour mouiller un gant de toilette et le passer sur votre corps. Si par exemple vous êtes en fauteuil roulant, vous pouvez retirer votre haut, vos chaussettes et remonter votre pantalon de manière à ce que la partie inférieure de vos jambes soit exposée. Passez la serviette ou le gant de toilette mouillés sur ces parties-là ainsi que sur le visage et le cou.

Vous remarquerez que votre gant de toilette devient chaud très rapidement à cause de la chaleur de votre corps. Il faudra donc le remouiller très régulièrement dans l'eau froide pendant ce processus. À chaque contact avec l'eau froide, vous noterez que votre système nerveux répond par une petite tension. C'est tout à fait normal.

Une fois que vous avez mouillé votre corps, le défi sera de vous laisser sécher à l'air libre. Cela peut rapidement faire chuter votre température corporelle, c'est donc fortement déconseillé aux personnes qui souffrent de symptômes du syndrome de Reynaud prononcés. Tout symptôme de Raynaud qui en résulte est un bon indicateur qu'il faut éviter le séchage à l'air libre.

En vous laissant sécher à l'air libre vous remarquerez probablement la contraction des tétons et des frissonnements. Si les frissonnements deviennent intenses au point de claquer des dents, séchez-vous à l'aide d'une serviette, rhabillez-vous et faites ce que vous pouvez pour réchauffer votre corps.

En pratiquant cet exercice pendant plusieurs mois, vous observerez que votre corps sera plus détendu au contact de l'eau froide. Vous ne frissonnerez plus aussi rapidement. Vous serez capable de sécher à l'air libre plus longtemps et votre corps se réchauffera plus rapidement. Ce sont autant de signes non négligeables d'amélioration !

Chapitre 10

Mesurer les progrès

À ce stade de notre formation, vous constaterez peu de différence entre ce que nous faisons et ce que font les amateurs de froid. Toutes les formes d'entraînement au froid peuvent être bénéfiques si elles sont pratiquées en toute sécurité. Au fur et à mesure que nous progresserons, vous commencerez à constater une certaine, mais critique, divergence dans la méthodologie. Tous les outils d'entraînement à la MIT ont pour but de nous aider à être lucides à chaque moment de nos vies, autrement dit à être dans un état de conscience méditative intense à tout moment, comme le serait un maître Samouraï.

L'état d'esprit du samouraï

Imaginez que vous êtes un guerrier samouraï, dont la vie et la capacité à servir et protéger dépendent d'une pleine conscience maintenue intacte même dans un contexte de pression énorme. Imaginez encore que vous devez traverser une rivière presque gelée pendant votre service. Le froid vous ferait-il tressaillir ? Votre respiration deviendrait-elle spasmodique ? Pas si vous étiez un samouraï digne de ce nom. Si vous ne vous étiez pas entraîné correctement, vous auriez eu du mal dans la rivière et votre maître, voyant vos difficultés, vous aurait certainement démis de vos fonctions, car si vous tressaillez et respirez de manière spasmodique, vous n'êtes certainement pas pleinement conscient ou capable de servir efficacement.

Pour entraîner le corps et l'esprit à être moins réactifs et moins enclins à tressaillir, les samouraïs consciencieux faisaient usage du froid, parfois sous les cascades, mais le plus souvent chez eux ou dans un champ avec des seaux d'eau froide au réveil. L'objectif n'était pas seulement de conditionner le corps et l'esprit à moins reculer face aux défis, mais aussi à se réveiller l'esprit vif, prêt à passer à l'action.

Un des traits de caractère essentiel chez un maître samouraï était de constamment mesurer ces aptitudes de manière à être sûr de ses capacités et de sa condition physique du moment. Dans une volonté d'honorer cet état d'esprit, je vous fournirai un certain nombre d'outils puissants pour mesurer vos capacités actuelles et vos progrès.

Vous pouvez aisément comprendre la frustration que ressentent les gens lorsqu'ils sont incapables de voir clairement les progrès réalisés grâce à leurs efforts, ce qui peut parfois conduire à l'abandon. Si vous aviez un outil de mesure qui montre clairement votre progression, il est très probable que vous continueriez votre entraînement.

L'avantage avec le corps, c'est qu'il ne ment pas. Qu'importe à quel point nous nous imaginons être conscients, notre système respiratoire et notre circulation sanguine, mis sous pression, dévoileront la réalité. Donc, mettons de côté notre fierté et tirons profit de ce fait en appliquant un système de suivi à notre entraînement par l'eau froide. Il nous montrera la capacité de notre corps à respirer de façon régulière lorsqu'il est soudainement exposé au froid.

Mesurer les progrès grâce aux sons primaires

Comme je l'ai mentionné dans l'introduction de la Partie III, la clé pour progresser rapidement réside dans le fait de trouver un rythme qui vous convient. Si vous essayez d'adopter un rythme que je recommande et que vous vous situez dans la moyenne, vous vous en sortirez probablement bien ; mais si vous n'êtes pas dans la norme, ce rythme-là ne sera pas approprié pour vous. Il vaut mieux trouver votre propre rythme, plutôt qu'essayer de vous conformer à un rythme universel.

Pour cela, nous pouvons utiliser les sons primaires. Voici comment cela fonctionne. Juste avant d'entrer sous la douche, prenez une grande inspiration et vocaliser haut et fort, le son primaire « Ah » pour obtenir une base de référence de la stabilité du son lorsque vous n'êtes soumis à aucune pression. Continuez à psalmodier ce son jusqu'à ce que vos poumons soient vides. Vous aurez alors une idée du volume, de la stabilité et de la longueur du son que vous pouvez maintenir en une seule respiration lorsque vous n'êtes soumis à aucune pression.

Veillez à ouvrir suffisamment la bouche pour que le son résonne suffisamment, sans que ce soit si fort que cela dérange les membres de votre famille. Pensez également à les prévenir de votre pratique, afin que personne ne soit surpris.

Maintenant que vous avez votre base de référence d'un son primaire, entrez sous la douche, prenez une inspiration et commencez à émettre votre son. Ouvrez immédiatement le robinet d'eau froide et dirigez le jet sur votre tête, votre poitrine et votre dos, de manière générale sur les parties les plus difficiles.

Prêtez attention à tout vacillement du son primaire. Généralement, les débutants remarquent qu'ils ne peuvent pas maintenir leur chant, car leurs poumons ont des spasmes trop importants pour pouvoir produire un son maîtrisé. Si vous n'êtes pas un habitué des douches froides, vous êtes probablement incapable de produire le même son qu'avant l'exposition à l'eau froide. Ne vous tracassez pas, vous connaissez désormais votre capacité actuelle comparée à votre objectif, le son chanté avant de commencer la douche. Là encore, votre respiration reflète la capacité du corps physique à rester clair et capable sous la pression.

Indépendamment des résultats de votre première expérience avec les sons primaires pour déterminer vos capacités, il va falloir progresser. Ayez chaque jour l'objectif de produire les mêmes sons pleins et prolongés sous l'eau froide que ceux que vous êtes capable d'émettre avant la douche.

Vous remarquerez grâce à cet exercice que la moindre contraction des poumons peut être aisément entendue lorsque vous chantez. Notez également que lorsque ces contractions apparaissent, aussi petites soient-elles, vous êtes incapable de produire le son aussi pleinement et longtemps que lorsque vous n'êtes soumis à aucune pression.

Les personnes qui sont plus habituées au froid ont plus de facilité à produire un son primaire, mais pas aussi aisément qu'avant la douche froide. En pratiquant les sons primaires lors de chaque douche froide pendant quelques jours, vous observerez des progrès évidents. Ces progrès ne concernent pas seulement votre capacité à produire un son, mais la capacité de votre corps à gérer le stress tout en demeurant conscient et capable ; ce qui vous sera utile dans toutes les situations stressantes de votre vie !

Au bout de quelques semaines, vous observerez que vous pouvez produire un « Ah » parfait. Votre prochain défi consistera alors à essayer avec le son « Oh ». Si vous parvenez à émettre ce son correctement, alors passez au son « Mmm » pour voir comment cela se passe. Une fois que ce son est maîtrisé, passez au son « Eh ». Continuez, ainsi de suite, quand vous maîtrisez un son, passez au son primaire suivant. Après « Eh », essayez « Eu » puis « Ee » pour trouver lequel d'entre eux sera votre prochain challenge. Au bout de quelques semaines à un mois, vous serez probablement capable de produire parfaitement ou presque l'ensemble des sons primaires sous une douche froide.

En résumé, lorsque vous psalmodiez, les changements subtils au niveau de la respiration se retrouvent dans les sons et la pression des contractions du diaphragme, vous pouvez donc les entendre et les sentir. Le son rend évident ce qui était autrement obscur.

Partie IV

Entraîner l'esprit

Pour la grande majorité d'entre nous, que nous le reconnaissions ou non, notre esprit est notre plus grand obstacle. Au cours de votre entraînement, vous réaliserez vite à quel point votre esprit peut se montrer résistant à vos intentions, et vous dévier de vos objectifs avec des envies mauvaises pour votre santé.

Lorsque nous prêtons réellement attention à nos pensées et nos émotions, nous sommes bien obligés d'admettre qu'en fait, nous ne contrôlons pas vraiment nos vies. Si nous devions établir une liste de toutes les bonnes habitudes que nous voudrions dans notre vie, nous pourrions nous rendre compte que nous n'en adoptons que très peu dans notre quotidien. Même le fait de réussir à atteindre nos objectifs de la journée peut parfois relever du défi. En prenant le problème d'un autre angle, nous pourrions dresser une liste des mauvaises habitudes que nous souhaiterions éviter. On pourrait alors s'apercevoir que nos désirs et nos envies compulsives nous ont menés à adopter toutes ces habitudes.

En prenant du recul et en observant nos choix de vie au cours d'une année complète, nous verrons certainement que nos choix de mettre en place des habitudes saines sont loin de durer aussi longtemps qu'on le souhaiterait, et que dans les faits, nous sommes bien loin de l'idéal que nous avions imaginé le 1ᵉʳ janvier. Peut-être même que nous ne cherchons même plus à nous fixer des objectifs.

Il serait sage d'admettre que nous ne sommes pas aussi maîtres de notre vie que nous pensons l'être. Mais dans ce cas, qu'est-ce qui nous contrôle ? Dans la Partie IV, nous commencerons à explorer la nature de ce qui nous gouverne lorsque nous ne sommes pas au contrôle. Au travers de notre investigation, nous découvrirons de quelles manières cette force résiste à nos intentions et comment naviguer à travers ces tentatives de résistance. Avec quelques compétences de navigation de base, nous pouvons guider l'esprit vers des directions plus saines, indépendamment des pensées et des sentiments auxquels il pourrait faire appel pour éviter de faire ce qui le plonge dans l'inconfort même si cela est bénéfique.

Chapitre 11

La gestion de la crainte

Après avoir pris des douches froides pendant quelques jours, il est possible que vous remarquiez un certain degré de résistance physique ou psychologique aux douches matinales. Pour de nombreux débutants dans cette pratique, le réveil s'accompagne immédiatement de la crainte de la douche froide. Si vous grognez intérieurement et que vous ressentez l'envie de vous rendormir, sachez que vous n'êtes pas le seul. En fait, ces sensations sont parfaitement normales au début du processus.

Afin de découvrir la véritable nature de ces sentiments, apportons de légers changements à nos douches froides, au choix du moment plus particulièrement. Pendant quelques jours, prenez votre douche froide de la journée quand votre énergie est à son maximum. Pour savoir à quel moment vous avez le plus d'énergie, pensez à la période où vous vous sentez le mieux généralement, le moment où vous êtes volontiers plus actif.

Prêtez attention au degré de résistance mentale et physique que vous ressentez avant d'ouvrir votre robinet d'eau froide. Notez également de degré d'inconfort que vous ressentez sous la douche, la durée de votre douche comparée aux douches froides matinales au réveil.

Vous remarquerez certainement que vous ressentez moins de résistance aux douches froides lorsque vous avez plus d'énergie. L'expérience est alors moins violente et vous êtes capable de rester plus longtemps sous l'eau froide. Cette expérimentation montre que lorsque vous avez de l'énergie, vous vous sentez plus motivé et êtes plus enclin à relever les défis qui vous mettent dans des situations inconfortables. Inversement, lorsque votre corps a peu d'énergie, vous vous êtes moins motivé, et vous êtes plus enclin à ressentir plus de résistance physique et mentale.

Pour illustrer ce point, essayons une autre expérience, le matin dès le réveil cette fois. Levez-vous, dirigez-vous vers la salle de bain et remplissez la baignoire d'eau chaude à votre convenance. Une fois que la baignoire est pleine, retirez vos vêtements et entrez dans le bain. Restez dans l'eau chaude pendant cinq à dix minutes pour vous réchauffer et augmenter la température de votre corps.

Une fois que votre corps a fait le plein de chaleur, videz l'eau, levez-vous et tenez-vous debout sous la douche. Ouvrez le robinet d'eau froide à fond et observez les réactions de votre corps. Il y a fort à parier que cette douche froide est moins difficile que vous ne l'imaginiez. Reste à savoir pourquoi.

Le corps est comme une batterie rechargeable. Lorsqu'il est plein d'énergie, il est plus apte à gérer avec grâce la pression à laquelle il est soumis. Lorsque la batterie est faible, le corps semble faible et fragile, il évitera instinctivement toutes les pressions. Les émotions négatives provoquées par la résistance au moment présent peuvent souvent être chassées, simplement en renforçant le corps de façon clé.

En tonifiant le système nerveux, en renforçant les muscles de l'appareil circulatoire, en stimulant la production de cellules plus saines et en apportant des changements positifs au cerveau par le biais de la neuroplasticité, nous avons plus d'énergie et nous sommes plus aptes à faire face à la pression sans vaciller. En fait, notre batterie est devenue plus grande et plus efficace.

Cela nous ramène à l'expérience du bain chaud. Dans votre bain, votre corps s'est chargé de chaleur, et celle-ci agit comme un isolant au froid. Si vous êtes resté sous l'eau froide assez longtemps, votre corps s'est alors vidé de cette chaleur supplémentaire et votre température corporelle a commencé à chuter.

Le point clé à retenir est le suivant : qu'importe la puissance de la batterie du corps, il y a des limites à ce qu'il peut tolérer. Nous devons donc faire attention aux limites de notre corps. Au début de votre pratique, l'énergie dont vous disposez peut être faible comparée à ce que vous pourriez atteindre en vous entraînant au quotidien.

Pour en revenir à la vie quotidienne, si vous prêtez attention aux moments où vous vous sentez frustré, vous remarquerez que cela a tendance à correspondre aux moments où vous avez un peu faim ou que vous êtes fatigué, autrement dit lorsque vous avez peu d'énergie. Une manière efficace de réduire les émotions négatives, et par là les conflits relationnels qui peuvent s'en suivre, est de renforcer l'énergie du corps.

Évidemment, même si vous vous entraînez afin d'avoir plus d'énergie vous serez tout de même soumis aux tentatives de résistance de votre esprit de temps en temps. Cela m'arrive aussi. Cependant, le processus de résistance de l'esprit peut être notre allié dans le sens où il nous aide à être attentifs à notre niveau d'énergie.

Lorsque la résistance apparaît, il convient de noter dans un premier lieu le récit qui l'accompagne. « Je déteste ces douches froides. Je ne veux pas y aller ». Puis une seconde voix va répondre « Oui, mais je sais que c'est bon pour moi. Je devrais y aller. ». Cette voix est contrée par « Ouais, mais je peux peut-être sauter la douche froide aujourd'hui et m'y remettre demain... ».

Une voix intérieure semble vouloir faire ce qui est sain alors que l'autre a pour objectif d'éviter l'inconfort. Lorsque nous nous mettons à observer de plus près nos forces intérieures, nous réalisons qu'il en existe en fait une multitude ; c'est un vrai bazar là-dedans ! Il nous faudra devenir plus observateurs, car nous voulons savoir quelles sont les forces qui prédisent nos actions et nos inactions. Ces forces représentent nos schémas internes les plus profonds et beaucoup d'entre eux doivent être adoucis si nous souhaitons faire de véritables progrès.

Chacune de ces forces existe, car elle a été alimentée par le passé d'une manière ou d'une autre. Par exemple si nous alimentons la force qui nous dit « Je ne le fais pas aujourd'hui, mais plutôt demain », nous nous rendrons vite compte que le lendemain, il est en fait encore plus difficile de reprendre notre routine et on peut de ce fait très vite abandonner le défi d'intégrer de bonnes habitudes à notre routine. Plus nous relevons des défis, moins cette force de résistance a de pouvoir sur nous.

Cependant, au départ, la force de résistance se débattra comme un diable, jusqu'à ne plus avoir d'énergie. Si nous laissons l'attachement de notre esprit à l'immobilisme confortable dominer nos décisions et nos actions, nous nous sentirons certainement coupables et nous perdrons en estime de soi. La culpabilité est une attaque envers soi-même inutile. Plutôt que de ressentir de la culpabilité, certaines personnes pourraient tenir le système d'entraînement pour responsable :

« Quel idiot pourrait penser que s'infliger des séances de torture par l'eau peut être une bonne stratégie pour améliorer sa vie ? ».

Vous n'avez peut-être pas eu cette pensée-là mot pour mot, mais il est très probable que votre esprit recèle de pensées inutilement critiques envers vous-même ou la méthode d'entraînement. Il est important de savoir que la résistance que vous ressentez n'a rien de mauvais ni de bon. Si nous ressentons une extrême résistance, il est inutile de nier ce qui se passe. Nous n'essayons pas d'effectuer quelque chose parfaitement dès le premier essai, nous développons la conscience en travaillant sur nous-mêmes. Le bon et le mauvais n'ont aucun rapport avec la résistance. Soyez prêt à observer ce qui se déroule dans votre corps et votre esprit, sans vous blâmer. Puis continuez.

L'objectif de l'entraînement à la MIT n'est pas de vous rendre capable de gérer le froid avec grâce, le but est que vous soyez capable de vous mouvoir avec grâce au travers de la myriade de forces inutiles qui opèrent en nous et autour de nous au quotidien. Choisir de prendre une douche froide chaque matin nous aide en ce sens. Il est tout aussi utile de se frayer un chemin au milieu des nombreuses résistances que votre corps et votre esprit dresseront sur votre chemin pour éviter cette pratique. Cela constitue un entraînement crucial qui améliorera considérablement votre vie, vous permettant d'atteindre une pleine conscience infaillible tout en traversant les difficultés du quotidien.

Même si un certain temps est nécessaire pour matérialiser une telle grâce en étant sous pression, à force de pratique la résistance s'affaiblit. La résistance s'affaiblissant, notre force stimulante de la conscience se renforce. Cela rend beaucoup plus facile de s'attaquer aux défis qui favorisent le bien-être et la conscience. Au premier abord, on pourrait voir un aspect ésotérique à la « myriade de forces en nous », mais cela reflète ce qu'il se passe réellement dans notre esprit.

Chacune de ces nombreuses forces mentionnées représente des réseaux de voies neurales distinctes qui se sont potentiellement connectés selon nos schémas de vie. Plus nous alimentons une connexion nerveuse en l'approuvant et en y faisant appel, plus le cerveau fournira des nutriments à cette voie. Inversement, moins nous utilisons une voie neuronale, plus le cerveau lui retirera des ressources pour les attribuer à d'autres voies neuronales plus actives.

La meilleure façon de renforcer une force intérieure est de nous identifier à cette force. Pour illustrer cette idée, lorsque vous vous préparez à entrer sous la douche et que la voix dans votre tête vous dit « Je peux passer l'étape de la douche aujourd'hui, je le ferai plutôt demain. », vous pouvez penser que cette voix est la vôtre. Si vous deviez expliquer ce phénomène à un ami, vous diriez « J'avais prévu de prendre une douche froide, puis alors que j'étais sur le point de retirer mes vêtements, je me suis dit "Je n'ai pas envie de prendre une douche ce matin, donc je le ferai plutôt demain" ».

À partir du moment où vous croyez que vous êtes les pensées et les émotions que vous vivez, vous commencez à alimenter ces voies neuronales en leur accordant un nutriment vital : l'identité. Soyez plutôt curieux. Tentez une expérience : que se passe-t-il si au lieu de vous identifier à vos pensées et vos émotions, vous vous contentez de simplement remarquer les pensées et les émotions que votre cerveau porte à votre attention. Ces pensées et ses sentiments ne représentent que les voies neuronales déjà existantes, autrement dit, ce sont des ornières mentales et émotionnelles. Vous n'êtes pas ces pensées et ces émotions.

Une façon efficace d'apprendre à naviguer à travers ces schémas neuraux résistants ou ces attachements à de mauvaises habitudes consiste à réaliser qu'ils ne sont que des habitudes du cerveau qui finiront par changer grâce à une pleine conscience persistante. Aucune de ces forces ne vous représente l'essence de ce que vous êtes, qui existait déjà avant que ces forces ne se développent.

Avec le temps, vous vous rendrez compte que le fait de ne pas s'identifier aux pensées et aux émotions est extrêmement utile. Cela dit, même si nous ne nous identifions pas consciemment aux pensées et émotions inutiles, bon nombre d'entre nous continuent de succomber à leur influence de temps en temps.

Chapitre 12

Guider l'esprit

Les pensées et les sentiments de résistance peuvent être très persistants. Pour réussir à les surmonter, nous ne devons pas les éviter, les nier ou les combattre. L'évitement, le déni et l'envie de combattre sont des réactions du système nerveux sympathique, aussi connus sous le nom de réponse combat-fuite. Nous sommes plutôt à la recherche d'un moyen d'étudier nos mécanismes intérieurs afin d'améliorer nos réponses sans avoir des pensées négatives envers nous-mêmes.

La réponse combat-fuite est une réponse défensive périphérique du système nerveux qui coïncide aux ondes cérébrales bêta. Ces ondes représentent une certaine déconnexion de la conscience, à l'opposé de la méditation et de la pleine conscience. La réponse combat-fuite provoque de l'anxiété, perturbe la respiration, cause de l'inflammation dans le corps ; et cela aura un impact sur votre vie quotidienne en général et vos douches froides, les rendant plus pénibles.

La réponse combat-fuite nous éloigne de la pleine conscience. Au lieu de lutter, nier ou éviter les pensées et émotions, il vaut mieux les affaiblir. Le secret pour les affaiblir consiste à relever vos défis aujourd'hui plutôt que de les remettre à demain, un jour qui risque d'être sauté. Voici comment affaiblir la résistance intérieure. Lorsque vous remarquez votre discours intérieur, notez s'il vous semble entendre votre propre voix. Si cela semble être votre voix, alors vous êtes identifié à vos pensées et vos émotions, vous pensez donc être vos pensées et vos émotions. Arrêtez-vous un instant, détendez-vous et prenez du recul. Essayez alors d'utiliser la technique du lavabo apprise dans le chapitre 8. Vous serez certainement en mesure d'utiliser cette méthode, car elle représente un niveau inférieur d'intensité par rapport à la douche froide tant redoutée sur laquelle votre force de résistance intérieure était jusque là concentrée. Une fois le nerf vague stimulé grâce à la méthode du lavabo, vous pourrez de nouveau envisager la douche froide. À ce stade, il y a de fortes chances pour que vous soyez capable de mouiller vos pieds, car votre corps se sent déjà mieux grâce à la stimulation du nerf vague. Entrez sous la douche et mouillez vos pieds, sans aucune pensée concernant une potentielle étape supplémentaire.

Maintenez le jet d'eau froide sur vos pieds puis demandez-vous si vous pouvez diriger l'eau sur la partie inférieure de vos jambes. Vous le pourrez certainement. Essayez maintenant sur le haut de vos jambes. Continuez jusqu'à atteindre une zone où vous n'êtes tout simplement pas prêt à aller plus loin. La plupart des gens, une fois engagés dans le processus, sont capables d'aller au bout. Si vous vous heurtez à ce qui semble être un blocage infranchissable, sortez de la douche et arrêtez-vous là pour aujourd'hui. Le lendemain, faites la même chose et voyez jusqu'où vous pouvez aller. Il y a de fortes chances pour qu'au bout d'une à deux semaines vous soyez capable de prendre une douche froide complète sans forte résistance intérieure.

La prochaine étape pour mieux gérer les forces intérieures parasites consiste à voir si vous pouvez désormais directement entrer sous la douche et accélérer le processus d'exposition à l'eau froide en adoptant une progression fluide plutôt qu'un processus étape par étape. Par exemple, vous pouvez commencer par diriger le jet d'eau sur vos pieds puis sans vous arrêter diriger l'eau lentement vers le haut jusqu'à votre abdomen, puis votre poitrine. Vous vous arrêterez peut-être avant d'atteindre la tête. Ce sera déjà un progrès. Soyez reconnaissant. Essayez de nouveau le lendemain. Vous serez rapidement capable de totalement vous immerger dans l'eau.

Avec de la persévérance, en quelques jours à quelques semaines, il ne vous faudra que 10 à 20 secondes pour parvenir à passer l'eau froide sur votre tête. Une fois à ce stade, la prochaine étape est de voir combien de temps vous pouvez rester sous la douche froide, en restant attentif à ne pas dépasser vos capacités. Arrêtez-vous avant que la résistance ne soit trop forte. Vous finirez par ne plus avoir besoin d'une approche graduelle. Vous irez alors d'un pas ferme sous la douche la plus froide possible, vous immergerez totalement dans l'eau, et cela vous semblera agréable.

Le secret en ce qui concerne les approches graduelles est de commencer par prendre de l'élan dans la bonne direction en faisant ce que vous êtes capable de faire dans le moment. Une fois que ce premier pas est fait, demandez-vous si vous êtes prêt à faire quelque chose de plus. Souvent, lorsque vous commencez en faisant un petit pas, vous vous rendez compte que vous êtes capable d'aller bien plus loin que ce que vous pensiez au départ. Cela peut s'expliquer par le fait que lorsque vous faites cet effort, vous n'alimentez pas vos pensées résistantes et vous ne les combattez pas non plus. Vous permettez donc à votre corps et votre esprit de s'ajuster petit à petit. Et de ce fait, votre attitude s'ajuste également.

Cette stratégie face à la résistance peut également fonctionner pour gérer des situations du quotidien avec des enfants difficiles. Si vous dites à un enfant résistant d'effectuer certaines tâches ménagères, ils vont certainement rechigner et ne rien faire. En revanche, si vous dites « Tu peux choisir, sortir la poubelle ou faire la vaisselle », dans la plupart des cas, ils n'opposeront pas de résistance, car ils se sentent valorisés par le fait d'avoir le choix.

En offrant un choix orienté, vous vous placez dans une posture de mentor et l'enfant est dans une position où il se sent plus autonome puisqu'il peut faire un choix. Sur le long terme, ce procédé aide un enfant résistant à construire des voies neuronales de respect, de coopération, de bonne communication et responsabilité. Il en va de même pour offrir à votre corps un choix quant au chemin à suivre pour passer sous la douche froide, ou tout autre défi d'ailleurs. Lorsque le corps se sent valorisé, il devient votre allié. Parfois, la voie la plus rapide est la voie de contournement.

Chapitre 13

Guider le corps

Comme décrit auparavant l'entraînement aux douches froides affaiblira les résistances intérieures. Pour réaliser des progrès dans votre entraînement et améliorer votre qualité de vie, il est extrêmement utile d'apprendre à connaître les différentes formes de résistances auxquelles vous êtes exposé. Nous rencontrons tous des résistances, ne vous blâmez pas lorsque cela se produit ; se sentir mal à ce propos ne sert à rien. Il est même tout à fait normal de ressentir de la résistance lorsque nous essayons de rompre de mauvais schémas pour construire des habitudes plus saines.

Afin de vous familiariser avec les forces de résistance, et parce que toutes les résistances ne se présentent pas sous la forme de discours intérieurs, observez ces discours, mais aussi vos sensations physiques. Parfois, nous n'avons pas forcément de dialogue intérieur, mais nous ressentons tout de même une résistance physique ; un peu comme votre chien pourrait se montrer résistant au moment de son bain s'il n'y est pas habitué.

Pour mieux comprendre l'idée de résistance physique, souvenez-vous lorsqu'enfant, vous vouliez faire quelque chose d'effrayant pour la première fois. Voici un souvenir précis de mon enfance. Les leçons que j'en ai tirées me servent encore aujourd'hui. J'espère que vous pourrez vous identifier.

Lorsque j'étais enfant, je vivais à la campagne et tous les enfants du voisinage avaient l'habitude de se réunir près d'un ruisseau à proximité. Les enfants les plus âgés avaient l'habitude de le traverser en sautant à un certain endroit. J'étais effrayé rien qu'à l'idée de faire la même chose. Même lorsque j'étais déterminé à sauter et que je courais vers le ruisseau, mon corps s'arrêtait au dernier moment. Voilà mon dialogue intérieur avant de commencer à courir (« Et si je n'y arrivais pas ? »), puis après ma course vaine (« Je ne suis qu'un lâche. »), mais il n'y avait jamais de discours intérieur pendant la course. Au dernier moment, mon corps s'immobilisait, et ce même si j'étais déterminé à sauter. Mon corps lui-même semblait avoir peur de sauter.

Je me souviens clairement avoir mené une expérience pour pouvoir sauter par-dessus ce ruisseau. À l'aide d'un long bâton, j'ai mesuré la largeur du lit du ruisseau, puis j'ai marqué cette largeur au sol grâce à deux bâtons. J'ai pris de l'élan et j'ai sauté au-dessus de l'espace entre ces deux bâtons plusieurs fois, tout en me sentant en sécurité. Grâce à cette expérience, j'étais alors sûr et certain d'être capable de sauter par-dessus le ruisseau, mais mon corps continuait de s'arrêter net au bord de la berge. La peur contrôlait mon corps et je devais trouver un moyen de surmonter cette peur si je voulais éviter que les autres enfants se moquent de moi.

Finalement, j'ai bien sauté, mais je l'ai fait en marchant jusqu'à une zone du ruisseau qui ne faisait pas peur aux garçons un peu plus âgés, mais qui était déjà un défi pour moi. À cet endroit-là, mon corps pouvait sauter au-dessus du ruisseau sans réelle résistance. En fait, j'ai même apprécié le frisson que cela m'a procuré. J'ai continué mes essais et en quelques jours, je parvins à sauter là où auparavant mon corps résistait.

Nous éprouvons tous de la résistance face à certaines choses. Parfois, nous devons travailler étape par étape pour relever un défi. Le temps nécessaire pour relever un défi est moins important que le fait de progresser constamment vers notre objectif.

En définitive, en nous entraînant méthodiquement, nous créons une alliance de forces intérieures et ce faisant, lorsque nous avons un objectif sain, notre corps suit sans opposer de résistance. Lorsque cela se produit, nous disposons alors d'une incroyable lucidité et nous savons que nous avons réussi à établir une véritable relation de confiance avec notre corps. Nos corps nous suivent alors dans nos objectifs même si le chemin qui y mène est difficile.

Encore une fois, ne vous souciez pas du temps qu'il vous faudra pour parvenir à prendre une douche froide sans aucune résistance. Soyez conscient que chacun de vos micropas tout au long de votre cheminement a stimulé votre corps, votre nerf vague, a renforcé les muscles de vos parois vasculaires et artérielles, a favorisé la production de cellules saines ainsi qu'une augmentation du nombre de mitochondries, et tout cela en remodelant vos schémas cérébraux pour atteindre une plus grande conscience !

Même avec le protocole graduel, certaines personnes rencontrent une résistance si forte que même la méthode du lavabo est trop difficile certains jours. Pour ces personnes, il existe une approche encore plus progressive que je ne conseille généralement pas aux adultes en bonne santé. Cette méthode consiste à entrer sous la douche avec l'intention d'utiliser de l'eau tiède dans un premier temps, puis de passer doucement à de l'eau de plus en plus froide au fur et à mesure de votre acclimatation physique et psychologique. Avec le temps, vous parviendrez graduellement à prendre des douches froides.

Si vous n'avez pas de discours intérieur de résistance, mais que votre corps semble réticent ou victime de nervosité, vous pouvez appréhender ces douches froides petit à petit comme vous l'avez fait avec les discours de résistance intérieure. Les signes de nervosité peuvent se traduire par un langage corporel d'évitement. Vous remarquerez peut-être que votre corps semble très peu disposé à faire face à la douche froide et ce sentiment peut être présent dès le réveil. Votre esprit ressent une certaine crainte ou une peur créant ainsi un désir d'évitement se traduisant par une volonté de se recoucher ou de changer de routine matinale, afin de repousser la douche. Par exemple, au lieu de vous diriger vers la salle de bain dès le réveil, vous allez plutôt vous rendre dans la cuisine pour vous préparer une tasse de thé ou de café. Ce sont autant de stratégies d'évitement destinées à repousser ce que vous savez être nécessaire, mais inconfortable.

Lorsque vous détectez des sentiments d'évitement ou de nervosité, même si les symptômes sont légers, même s'ils ne s'accompagnent pas de discours intérieur, deux choix s'offrent à vous. Premièrement, ressentez simplement ce sentiment, puis prenez du recul et méditez jusqu'à être en pleine conscience. Pour atteindre cet état, vous pouvez utiliser la respiration vagale enseignée dans le chapitre 2. Une fois que vous êtes calme et concentré, entrez en contact avec l'énergie ou la force qui éprouve de l'amour inconditionnel et qui veut que vous deveniez plus fort, en meilleure santé et plus conscient. Cette force est totalement différente de celle qui recherche essentiellement le plaisir et le confort.

Une fois en contact avec la force bienveillante en vous, demandez-vous si une douche froide est meilleure pour vous que de ne pas en prendre. Si vous êtes connecté à votre bienveillance, qui a pour objectif de vous aider à réaliser votre plein potentiel en tant qu'être humain, vous saurez alors si vous essayez d'échapper de manière subconsciente à tout sentiment d'inconfort ou s'il existe une raison valable pour sauter ou repousser votre douche froide ce jour-là.

Certains jours, vous vous sentirez incapable de vous connecter à l'énergie qui vous aime profondément. Parfois, même en ayant réussi à entrer en contact de manière consciente, le sentiment de réticence est toujours présent. Pour être franc, cela m'est arrivé le matin même où j'ai écrit cette phrase. Je me suis réveillé en ne me sentant pas très bien physiquement. Mon corps me semblait faible, et même fragile.

J'ai médité pour atteindre une certaine lucidité, mais je continuais à ressentir de la réticence. Je savais que si c'était nécessaire, je serais capable de traverser une rivière gelée tout en étant pleinement conscient. Mais étant donné que cela n'était pas indispensable, dans l'intérêt de ma santé physique, passer l'étape de la douche froide semblait la chose la plus appropriée.

J'enseigne quotidiennement la méditation guidée MIT à des milliers de personnes pendant 15 minutes en ligne le matin. Le moment de commencer mon cours approchait, j'ai alors décidé de reporter la douche pour voir dans quel état je me sentirai après cette séance.

Une fois la séance terminée, je me suis assis en méditation, me sentant toujours réticent à l'idée de la douche froide. J'ai réalisé que mon corps avait besoin d'une méthode encore plus douce si je devais prendre une douche froide ce jour-là. En règle générale, je ne force jamais mon corps à faire quoi que ce soit si je ne me sens pas en pleine forme. Ce serait remettre en question la confiance construite et pourrait mener à plus de résistance physique dans d'autres aspects de ma vie. La confiance ne doit pas être trahie.

J'ai passé en revue toutes les différentes approches graduelles pour voir comment mon corps se sentait à l'idée de les effectuer. De bas en haut, non. La méthode du lavabo, non. Passer de l'eau chaude à l'eau froide graduellement, non.

Jusque-là, je n'avais jamais eu besoin d'une approche plus graduelle que ces options-là. Il était clair que mon corps avait besoin de quelque chose d'encore plus doux.

Puis, une image m'est venue à l'esprit : remplir la baignoire d'eau chaude et commencer par une douche à l'eau chaude qui deviendrait graduellement plus froide. La résistance a alors disparu.

Peu importe combien de temps vous vous êtes entraîné et à quel point votre corps et votre esprit sont sains, il y aura tout de même des jours où le corps ne sera pas assez en forme pour faire face au froid. Ces jours-là, le forcer à le faire malgré tout peut mettre à mal un système immunitaire déjà fragilisé et mener ainsi à la maladie.

À ces occasions, plutôt que de s'obstiner, essayez de combiner les différentes approches progressives afin de voir ce que votre corps finit par accepter sans trop de résistance. Dans mon cas par exemple, lorsque j'ai pensé à la bonne approche, mon corps a lâché la résistance et j'ai même pu apprécier cette douche froide. Mon corps s'est en suite senti beaucoup mieux. Une journée où la léthargie que je ressentais promettait peu, voire pas d'activité, s'est transformée en une journée d'écriture très productive. Soyez créatif et négociez afin de trouver ce qui convient à votre corps lorsque les options plus traditionnelles provoquent trop de résistance. De cette manière, vous trouverez certainement un moyen de progresser.

Chapitre 14

La puissance d'Une Respiration

Le dojo de mon professeur au Japon porte le nom de Ikkokukan, ce qui se traduit par « l'école d'Une Respiration ». Quand j'ai commencé à m'entraîner là-bas, je n'ai pas vraiment prêté attention au nom, car je n'étais pas réellement investi dans un entraînement technique. Après avoir muri grâce à l'entraînement, j'ai cherché à comprendre ce nom.

Il s'avère que le choix d'Ikkokukan était motivé par des raisons profondes. L'une d'entre elles est essentielle au type de formation que nous rencontrons dans ce livre. J'aimerais partager cette signification avec vous ici.

Mon professeur a choisi le nom Ikkokukan, car ça lui rappelait que la vie ne réside ni dans le passé, ni dans le futur, mais plutôt dans le souffle de l'instant présent. Notre vie physique prend fin avec une expiration finale. Il avait le sentiment que ce nom représentait l'essence même des arts martiaux, révélée par une vibrante conscience du présent.

Ces mots m'ont rappelé les enseignements de Bushido, le code du guerrier, concernant la prise de décisions. Le principe de base est que lorsqu'on se fixe un objectif ou que l'on prend une décision, nous devons immédiatement enclencher une action positive qui tend vers cet objectif ou cette décision afin de la mettre au monde de manière concrète. La distance entre la décision et le passage à l'action ne doit pas excéder le temps d'une respiration. Si l'on repousse l'action en laissant passer plus de temps qu'il en faut pour une seule respiration, cela signifie généralement qu'il n'y aura pas d'action réellement productive.

J'ai commencé à penser à mes propres antécédents en termes d'objectifs, j'ai réalisé que j'avais une certaine capacité à atteindre les objectifs que je me fixais, je devais donc m'y prendre correctement.

Sans le savoir, je suivais au quotidien les principes d'Une Respiration en passant à l'action systématiquement juste après ma prise de décision. En général, je notais les décisions que je prenais dans un petit carnet que j'avais toujours sur moi.

Voilà comment cela se passait typiquement : une idée me venait à l'esprit, la plupart du temps pendant ma journée de travail. J'avais peur de ne pas me souvenir de cette idée à la fin de la journée, donc j'ai commencé à garder un petit carnet de notes et un stylo sur moi, où que j'aille.

La majeure partie du temps, je prenais des notes sur ma pratique des arts martiaux et les expériences que je voulais mener au cours de mes études martiales. Dès qu'une idée se présentait, j'arrêtais ce que je faisais dans la mesure du possible, pour noter un mot ou deux qui suffirait à me rappeler l'idée lors de ma relecture plus tard. Par la suite dans le train, j'écrivais plus de détails si nécessaire, afin que les choses soient claires en relisant mes notes.

De temps en temps, je regardais mes vieux carnets de notes et les objectifs que j'avais écrits. J'étais étonné par les progrès que j'avais réalisés. Il ne m'était jamais venu à l'esprit que le fait de simplement écrire quelques mots participait à rendre mes objectifs plus concrets. Mais rétrospectivement, je sais aujourd'hui que cela a été précisément le rôle de ces petites notes. En écrivant ces inspirations qui venaient de mon subconscient, j'alignais ma conscience à mon subconscient, préparant ainsi tout mon corps à aller au bout de mes idées et objectifs.

Si vous n'êtes pas en mesure d'écrire dans l'immédiat, souvenez-vous que la clé du principe d'Une Respiration réside dans le fait d'enclencher une action positive qui vous rapproche de votre décision, et ce aussitôt que la décision est prise. Cela signifie que vous pouvez passer à l'action de manière positive simplement en vous préparant à écrire.

Par exemple, lorsque j'étais professeur au collège, il m'arrivait de penser à quelque chose en plein milieu d'un cours. Si je n'étais pas en mesure de l'écrire tout de suite, je sortais simplement mon carnet et je le gardais à la main, ou je le posais sur mon bureau pour me rappeler de noter mon idée dès que possible. Le fait même de sortir le carnet était un moyen de m'assurer que j'écrirais et que par la suite, j'irai au bout de mon idée.

Bien sûr, certaines personnes ont une aversion de l'écriture. Si c'est votre cas, vous pouvez enregistrer vos pensées à l'aide d'un smartphone ou d'un magnétophone de poche. L'élément fondamental est de passer à l'action sans attendre. Le fait de passer à l'action immédiatement affaiblit rapidement l'habitude de procrastination et conduit à une vie plus engageante.

Vous vous demandez peut-être quel est le rapport entre la théorie de la respiration unique et l'entraînement présenté dans ce livre. Comme vous en avez fait l'expérience au cours de votre entraînement avec les douches froides quotidiennes, votre esprit essaie de mettre en place toutes sortes de manœuvres pour rallonger le laps de temps entre le moment où vous pensez à la douche et le moment où vous passez à l'action. À l'échelle de votre vie, vous remarquerez que les mêmes techniques de report entrent en jeu chaque fois que vous envisagez de faire quelque chose de bénéfique qui vous force à sortir de votre zone de confort.

Ces défis sains peuvent potentiellement transformer votre vie. Il est donc crucial d'être capable de se fixer un objectif et de commencer votre progression pour l'atteindre, sans délai. En ouvrant des portes de façon répétée à l'aide de cette clé magique, vous créez une dynamique psychologique qui vous permet de vous attaquer plus facilement à des défis encore plus importants et bénéfiques.

Imaginons par exemple que vous voulez inviter une certaine personne à sortir, mais vous êtes extrêmement nerveux à cette idée. Plus vous y pensez et plus vous êtes nerveux. Il vaut mieux s'adresser directement à cette personne en toute honnêteté en lui disant quelque chose du style : «Je suis très nerveux à l'idée de vous parler, mais j'aimerais mieux vous connaître. Aimeriez-vous prendre un café après le travail ?».

À moins d'avoir affaire à une personne extrêmement désagréable ou narcissique, le fait d'avoir fait preuve d'honnêteté sera apprécié, car nous savons tous à quel point il est difficile d'inviter quelqu'un à sortir. La sincérité met la plupart des gens à l'aise immédiatement.

Si vous êtes en plein rendez-vous, et que vous ne savez pas quoi dire, au lieu de vous perdre dans vos pensées, vous pouvez simplement dire : «Je ne sais pas quoi dire, mais j'aimerais apprendre à mieux vous connaître. Je me demande s'il vous est déjà arrivé de ressentir la même chose». Tout le monde a déjà vécu un moment similaire dans sa vie. En montrant vos sentiments de manière honnête, vous faites preuve de courage tout en créant l'occasion parfaite pour la personne en face de vous de s'ouvrir à propos d'un moment un peu gênant. Et comme par magie, vous faites connaissance.

Vous n'avez qu'une respiration. En réalité, vous n'en disposez même pas réellement puisque votre souffle est emprunté pour un temps donné. Si vous voulez faire quelque chose de votre vie, passez à l'action avec cette respiration empruntée. En attendant plus longtemps que le temps d'une respiration, vous passez à côté de la vie.

Partie V

L'entraînement à la méditation

Notre but étant d'atteindre une plus grande conscience au quotidien, il est essentiel d'apprendre une forme de méditation qui s'intègre à nos activités quotidiennes et résiste aux pressions de notre entraînement. Fondamentalement, notre but est d'incarner les principes de la médiation et donc d'atteindre une conscience inébranlable.

Il est facile de supposer que les difficultés soulevées par la méditation et la pleine conscience sont purement mentales et émotionnelles, mais lorsque nous commençons à tester nos capacités méditatives sous pression, nous réalisons rapidement que les blocages mentaux et émotionnels ne représentent qu'une infime partie du défi à relever. En réalité, une partie considérable du défi est en fait liée à notre santé physique, et plus particulièrement au système nerveux sympathique. Afin d'incarner la conscience méditative, nous devons comprendre quels sont les blocages physiques qui poussent le système nerveux sympathique à passer en mode combat-fuite. Lorsque le système nerveux sympathique a le contrôle, nous nous éloignons de la conscience méditative.

La méditation traditionnelle se concentre sur la création d'un environnement idéal pour méditer. Ces méthodes ne remettent que rarement, voire jamais, en question nos goulets d'étranglement physiques. Pour maîtriser une pratique, nous devons consciemment nous mettre dans une posture inconfortable pour nous élever au-delà de nos capacités actuelles. Pour développer les capacités du corps, nous devons relever les défis physiques durant la méditation.

Évidemment, lors des premières séances de méditation il est tout à fait normal de limiter les difficultés, car le fait de simplement s'asseoir et ne rien faire tout en étant éveillé est déjà un défi en soi. Cela dit, après quelques séances de méditation, il faut commencer à augmenter la difficulté. Sans quoi nous passons à côté de tout l'intérêt de l'entraînement.

Ne pas défier progressivement nos capacités diminue nos chances d'incarner la conscience méditative, car les croyances limitatives peuvent nous piéger dans la méditation sédentaire. Tant que nous pensons que nous ne pouvons pas nous déplacer ou parler tout en méditant, nous ne pourrons pas dépasser cette croyance limitante. Trop de confort nous rend faibles, il est donc sage de remettre en question notre capacité à méditer dans des situations inconfortables. Dans la cinquième partie, nous allons défier notre conscience en cherchant à rester méditativement conscients par le biais de l'inconfort, en utilisant diverses activités et jeux qui nous aideront à incarner la conscience dans notre vie quotidienne active.

Chapitre 15

La méditation MIT de base

Après un entraînement de quelques semaines à un mois avec des douches froides quotidiennes, vous découvrirez probablement que vous pouvez faire tous les sons primaires A, I, U, E, O, M et N sans grande difficulté. Il y a peut-être encore quelques légères contractions des poumons, mais vous pouvez produire les différents sons correctement.

À ce stade, il est temps de commencer une pratique méditative puissante qui s'intègre à votre vie active quotidienne. Cependant, avant de passer à cette pratique, nous devons comprendre les bases de ce qu'est la méditation et en quoi elle diffère de votre état d'esprit habituel.

Le cerveau émet plusieurs ondes cérébrales différentes qui représentent les états de notre système nerveux. Les états que nous connaissons le mieux sont les ondes bêta, alpha, thêta et delta. Deux d'entre elles se produisent principalement durant le sommeil, à savoir les ondes thêta et delta. L'état gamma, est principalement observé chez les méditants expérimentés.

Au quotidien, le cerveau connaît généralement deux états d'ondes cérébrales. L'état vécu à un moment donné dépend de l'état psychologique de la personne et de l'activité à laquelle elle participe. J'expliquerai en premier lieu quel est l'état qui nécessite le plus de concentration, car c'est celui que la plupart des gens dans notre monde moderne expérimentent le plus au cours de leurs journées. Une fois que nous aurons une meilleure compréhension de cet état, nous l'utiliserons pour expliquer les autres états.

Si vous avez déjà observé un chat traquer une souris, vous avez certainement remarqué que l'ensemble du corps du chat est totalement axé sur sa cible. À ce moment-là, toute l'attention du chat est exclusivement concentrée sur sa proie. Contrairement à ce que l'on pourrait croire, le chat, comme tous les prédateurs, est très vulnérable pendant sa traque. Les prédateurs sont tellement investis dans leur traque qu'ils sont pratiquement totalement inconscients de ce qui se passe autour d'eux. Si vous attendez qu'un chat soit totalement engagé dans sa traque, vous pouvez marcher jusqu'à lui et le toucher avant qu'il ne vous remarque, à condition d'être silencieux. Mais soyez-en avertis : le chat n'appréciera pas.

Dans votre propre vie, lorsque vous avancez vers un objectif que vous vous êtes fixé, vous pouvez être très frustré ou agacé si quelqu'un se met sur votre chemin. La frustration survient, car votre esprit est concentré en excluant le reste, comme un prédateur traquant sa proie. Dans de tels moments, tout ce qui peut nous interrompre est considéré comme un obstacle. Si nous laissons s'exprimer nos premières émotions, nous pourrions dire ou faire quelque chose d'inapproprié.

Les ondes cérébrales de la phase de prédation sont représentées par les ondes bêta focalisées. De manière générale, les êtres humains modernes ne savent pas ce qu'implique la traque d'un animal, mais nous sommes familiers des sensations procurées par le fait de focaliser toute notre attention sur une tâche spécifique à l'exclusion du reste.

Les ondes bêta nous aident à nous concentrer, mais il n'est pas sain de demeurer dans cette phase trop longtemps. Ça ne devrait pas être le mode par défaut dans lequel nous évoluons au quotidien. Cependant, à cause de notre mode de vie intense les ondes bêta sont devenues nos ondes cérébrales par défaut durant la journée, car on nous a appris très jeunes à être attentifs et à nous concentrer pendant de longues périodes en excluant le reste.

Maintenir des ondes bêta trop longtemps peut mener à l'anxiété et à une réponse combat-fuite, également associée aux ondes cérébrales bêta. Lorsque la réponse combat-fuite fait surface, cela signifie que votre corps est plongé dans la même forme d'anxiété qu'une proie, comme lorsqu'une souris sent l'odeur d'un chat par exemple. Même si l'anxiété ressentie n'est pas aussi intense que celle d'une souris qui sent un chat, elle reste néanmoins éprouvante pour le corps et l'esprit.

Lorsque nous ressentons de l'anxiété et du stress, notre système nerveux est en mode proie, un état d'ondes bêta élevé, qui n'est pas sain lorsqu'il est maintenu sur une longue période. De nos jours, un grand nombre de personnes vit dans un état constant ou chronique d'anxiété, qui peut avec le temps causer douleurs inflammatoires, maladies et dépressions.

Les êtres humains, comme tous les autres animaux de chasse, ont évolué sous les pressions de la prédation. Nous connaissons donc le mode prédateur, mais aussi le mode proie. Même sans jamais avoir traqué un animal durant notre vie, nous expérimentons les ondes bêta du mode prédateur à travers nos activités quotidiennes orientées sur des tâches bien précises qui nous demandent beaucoup de concentration. Paradoxalement, nous passons également dans le mode opposé qui est le mode proie. C'est aussi une phase d'ondes bêta qui se produit lorsque notre concentration sur des tâches bien précises dure trop longtemps, causant du stress, comme lorsqu'une date butoir approche à grands pas par exemple. Un grand nombre d'entre nous passent sans cesse du mode prédateur au mode proie dans la vie quotidienne qui devient alors une succession de phases d'ondes bêta. C'est épuisant.

Si nous vivons une vie équilibrée, nous nous autorisons une pause et un temps de repos, lorsque notre cerveau se fatigue. Lorsque cela se produit, les ondes cérébrales passent alors en phase alpha et le corps passe en mode repos-digestion du système nerveux parasympathique. Pendant le mode repos-digestion, le corps économise son énergie et récupère. Après une période de récupération, nous pouvons recommencer à nous concentrer sur nos tâches pendant un certain temps.

Lorsque les êtres humains vivent sainement, ils entrent rarement en mode proie, qui est source d'anxiété. Et s'ils entrent en mode proie, c'est généralement pour de bonnes raisons, et cela ne dure pas longtemps. Lorsque nos vies sont déséquilibrées, l'anxiété combat-fuite commence à s'insinuer dans chaque instant en nous mettant sur la défensive et nous conduisant au repli sur soi ou à l'agressivité pour des raisons apparemment insignifiantes.

La concentration, le repos et l'anxiété sont des états que la plupart des gens éprouvent chaque jour de leur vie à un certain degré. Pour beaucoup, ces trois états sont tout ce qu'ils connaissent. Cependant, il existe un autre état auquel il est possible d'accéder, mais que très peu de personnes parviennent à atteindre. Je l'appelle la conscience alpha.

La conscience méditative permet d'accéder à un état de conscience alpha. Avec un peu de pratique de la Méthodologie de l'Incarnation totale, nous pouvons apprendre à être en pleine conscience méditative pendant nos activités. C'était un des secrets des maîtres Samouraïs. Une des façons les plus faciles d'accéder à la conscience alpha durant les activités quotidiennes réside dans l'utilisation de nos yeux et de notre attention.

Imaginez que vous êtes sur le champ de bataille, entouré d'ennemis dont l'objectif est de vous tuer. Si vous focalisez vos yeux et votre attention comme le ferait un prédateur, vous serez très certainement tués par vos opposants arrivant sur les côtés ou dans votre dos. Si vous entrez dans le mode défensif des proies, vous serez alors plein d'anxiété et ils se débarrasseront très rapidement de vous. Pour survivre, vous devez trouver une autre voie, ni celle du prédateur ni celle de la proie. Vous ne vous trouverez peut-être jamais sur un champ de bataille entouré d'adversaires, mais vous êtes exposé aux conflits de l'esprit chaque jour de votre vie.

L'esprit avec sa nature maniaque s'agite à l'idée de ne pas recevoir assez d'attention, d'être trop au centre de l'attention, de ne pas avoir d'emploi ou au contraire d'en avoir un, de ne pas avoir assez d'argent ou d'en avoir trop, d'être célibataire ou au contraire marié, d'avoir des problèmes avec les enfants, le regret de ne pas en avoir, le passé, le futur, et cetera. Et la liste ne s'arrête pas là. Tout comme sur le champ de bataille, quelle que soit la direction que nous prenons, il y a toujours un coup potentiel à recevoir, qui nous maintient dans un état d'anxiété.

La réponse la plus utile à ces angoisses est de placer votre cerveau dans un état qui n'est pas perturbé par des préoccupations inutiles, mais qui prendra des mesures constructives lorsque cela sera nécessaire. Vous ne pouvez pas obliger vos collègues à adopter un meilleur comportement ni les obliger à mieux travailler. Vous ne pouvez pas non plus changer l'attitude de votre patron, mais si vous pouvez passer dans un état de conscience alpha, vous pourrez agir fermement au bon moment.

La méditation par la conscience visuelle

Nous pouvons débuter notre pratique de méditation dans une pièce calme, où nous ne serons pas dérangés. Une fois que nous aurons une meilleure compréhension du procédé, ce qui devrait être le cas après une ou deux séances, nous pourrons étendre notre pratique à d'autres environnements.

Programmez 15 minutes sur votre minuteur de manière à ne pas avoir à vous soucier du temps pendant votre exercice de méditation. À des fins explicatives, supposons que vous vous exercez à la méditation dans votre chambre.

Sans prendre de pose particulière, asseyez-vous confortablement, les yeux ouverts. Prenez du recul mentalement et regardez droit devant vous en ayant l'objectif de voir l'ensemble de votre champ visuel.

Pour être sûr de voir l'ensemble du champ visuel sans effectuer de mouvement des yeux, notez mentalement un point sur la droite, ou un objet par exemple, qui marque la limite externe de votre champ visuel. Une fois que vous avez noté ce point ou cet objet, faites la même chose du côté gauche ; prenez note de ce que vous parvenez à peine à voir tout à gauche lorsque vous regardez droit devant vous. Enfin, notez également le point le plus haut et le plus bas.

La forme générale de notre champ de vision est binoculaire. Pour le commun des mortels, l'amplitude du champ visuel horizontal est de 180 degrés et l'amplitude du champ de vision vertical est de 90 degrés. Les personnes qui souffrent de lésions cérébrales ou oculaires ont de moindres amplitudes. Si vous voyez moins et n'en étiez pas conscient jusque-là, vous avez peut-être un problème de santé affectant vos yeux ou votre cerveau et il serait avisé de consulter un professionnel de santé. Néanmoins, pour ce qui est de notre pratique méditative, vous devez simplement noter les limites personnelles de votre champ de vision et être conscient de sa globalité.

Ces quatre marqueurs servent à vous rappeler d'être conscient de l'ensemble de votre vision sans revenir à votre vision focalisée habituelle. Il faudra également prendre du recul mentalement : nous voulons empêcher l'esprit d'identifier tous les objets présents dans son champ de vision.

Pour les débutants, l'habitude de tout identifier sera fortement présente et l'esprit nommera tout ce qui retient votre attention, « télévision », « horloge », « peinture craquelée », etc. Chaque fois que votre esprit identifie quelque chose, détendez-vous et revenez à votre conscience visuelle totale. En vous exerçant de cette manière pendant quelques semaines, l'esprit finira par se défaire de cette tendance à se focaliser sur une chose et à l'identifier ; du moins pendant votre méditation.

Si vous êtes capable de rester conscient de l'ensemble de votre champ visuel et de vous détendre, votre cerveau pourra alors émettre une onde alpha consciente, qui indique que vous vous trouvez dans un état méditatif. En conscience alpha, votre corps et votre esprit conserveront de l'énergie et se rétabliront du stress que les ondes bêta, habituellement axées sur les tâches précises et favorisant l'anxiété, ont créé.

L'objectif de votre pratique initiale est de demeurer détendu en pleine conscience de l'ensemble de votre champ visuel pendant 15 minutes. Si vous remarquez que votre esprit continue de se concentrer sur un point ou s'éparpille, détendez-vous et revenez à la conscience de l'ensemble de votre champ visuel. Attention toutefois à ne pas forcer sur vos yeux, ce qui causerait des tensions au niveau du cou et des épaules ainsi que des maux de tête. Assurez-vous de détendre vos yeux, vos lèvres, votre mâchoire, votre cou, vos épaules, vos mains, ainsi que votre respiration.

Vous serez sans doute surpris de découvrir que l'ensemble du champ visuel que vous voyez maintenant est en fait celui auquel vos yeux ont constamment accès, mais que votre cerveau bloque en activant une mémoire sélective. Généralement, notre conscience visuelle se limite principalement à ce que notre cerveau trouve intéressant.

Après 15 minutes de méditation par la conscience visuelle en position assise, il est temps d'élever un peu le niveau de difficulté. Vous pourriez regarder d'abord autour de vous sans laisser vos yeux se focaliser sur quoi que ce soit. Vous pouvez ensuite essayer de bouger un bras ou une jambe. Si vous parvenez à rester en pleine conscience, essayez de vous lever puis de vous rasseoir. Essayez de marcher. Tout au long de ces activités, ne laissez pas votre esprit et vos yeux se focaliser sur quoi que ce soit.

Vous réaliserez bientôt que vous êtes capable de rester dans un état de méditation tout en bougeant librement. Lors des premières séances d'entraînement, vous ne vous sentirez sûrement pas à l'aise et vous paraîtrez sûrement bizarre. On pourrait avoir l'impression de rencontrer un zombie en vous croisant. Mais blague à part, avec de l'entraînement, vous serez rapidement capable de marcher normalement tout en étant en pleine conscience. Un zombie discret en quelque sorte.

Comme nous nous exerçons à une méditation visuelle qui dépend de la vision périphérique, faisons le point sur les différences entre la vision fovéale (ciblée) et la vision périphérique (défocalisée). Notez que la vision fovéale est une vision en haute définition et riche en couleurs, alors que la vision périphérique est de plus basse qualité, en termes de définition et en termes de couleur.

De manière plus importante, soyez attentif aux sensations créées par la vision fovéale comparées aux sensations créées par la vision périphérique. La vision fovéale crée une tension physique alors que la vision périphérique détend le corps.

Si vous avez ressenti cette différence, cela signifie que vous avez remarqué la différence entre les ondes cérébrales bêta et alpha !

Les avantages de la vision fovéale résident dans le fait que nous pouvons voir plus de détails et de couleurs qu'en utilisant la vision périphérique. Mis à part la tension qu'elle créée, l'inconvénient principal de la vision fovéale est qu'elle est insensible au mouvement et ne permet pas d'être conscient de ce qu'il se passe en dehors des lignes de focus.

Pour se faire une idée percutante du fonctionnement de la vision fovéale, tapez « Test de l'attention sélective » (selective attention test) dans votre moteur de recherche et regardez la vidéo. Attention, si vous lisez au-delà de ce point, la surprise de la vidéo sera gâchée.

J'espère que vous avez apprécié cette vidéo. Si vous n'avez pas réussi la première fois, ne vous en faites pas, c'est le cas d'une grande majorité de personnes. Dans tous les cas, l'expérience montre à quel point le cerveau est aveugle aux informations présentes dans l'environnement immédiat lorsque nous utilisons la vision fovéale.

Un autre exemple de l'incapacité à voir la périphérie se produit lorsque nous lisons. Notez comme vous êtes presque totalement inconscient de ce qui se déroule au-delà de la page que vous lisez si vous ne faites pas consciemment l'effort de voir ce qui se passe au-delà de votre texte. Vous remarquerez également que lorsque vous faites l'effort d'étendre votre conscience au-delà de votre page, vous êtes alors incapable de lire. Ou alors, même si vous êtes en mesure de prononcer les mots, vous n'êtes pas forcément capable de comprendre ou de vous souvenir de ce contenu, comme vous l'auriez été si vous étiez concentré sur votre lecture. Avec de la pratique, vous serez bientôt capable de lire, comprendre ce que vous lisez et voir l'ensemble de la pièce de manière naturelle.

Quoique peu sensible à la couleur et aux détails, la vision périphérique nous permet d'être conscients de notre environnement. Elle est également beaucoup plus sensible aux mouvements et aux jeux d'ombres que la vision fovéale, qui est riche en couleurs. Ces avantages reflètent l'hémisphère du cerveau à travers lequel les différentes visions sont traitées. Pour la plupart des personnes droitières, la vision fovéale est traitée par l'hémisphère gauche, qui est principalement dédié à l'identité et la pensée, alors que la vision périphérique est quant à elle traitée dans l'hémisphère droit. Il est principalement dédié aux sensations, aux émotions et à la conscience. Pour les gauchers, les hémisphères sont inversés.

Méditer sous pression

Remarque : par mesure de sécurité, pensez toujours à programmer 10 minutes sur un minuteur pour vous rappeler de sortir de votre douche avant tout risque d'hypothermie.

Après quelques jours de pratique de la conscience alpha, par le biais de la méditation par la conscience visuelle, commencez à stimuler vos capacités méditatives par vos douches froides. Pour ce faire, avant de vous rendre dans la salle de bain, entrez dans un état méditatif en utilisant la conscience visuelle.

Maintenez une vision et un esprit défocalisés tout en vous déplaçant et en vous déshabillant. Détendez-vous profondément, corps et esprit, sans penser à la douche. Si vous le pouvez, entrez sous la douche sans penser à l'eau froide. Assurez-vous de toujours être en état de méditation au moment de commencer votre douche. Ouvrez le robinet en maintenant votre relaxation mentale et physique. Assurez-vous que vos yeux ne se focalisent sur rien, restez en vision périphérique.

Si vous remarquez une certaine tension physique ou mentale, en anticipant le contact avec l'eau froide, alors vous saurez que c'est la peur et l'appréhension de l'inconfort qui vous ont éloigné de la pleine conscience. À ce stade, contentez-vous de remarquer ce que fait votre esprit. Lorsque vous ressentez des tensions, essayez simplement de vous détendre physiquement et défocaliser à nouveau l'esprit en regardant le pommeau de douche.

Une fois détendu, commencez votre douche en dirigeant le jet d'eau froide sur vos pieds en utilisant l'approche graduelle présentée dans le chapitre 8. Dès que vous sortez de votre état méditatif ou que votre état s'affaiblit, éloignez le jet d'eau de vous, retrouvez votre état méditatif avant de reprendre le processus graduellement. Restez aussi longtemps que possible en état de méditation.

Le véritable défi se présentera lorsque le jet d'eau froide atteindra votre visage, car à ce moment-là il faudra fermer les yeux. Votre esprit sera tenté de se concentrer sur la zone la plus stimulée par l'eau, l'endroit où vous sentirez le plus d'inconfort. Si vous vous concentrez sur cette zone, vous quitterez votre état méditatif en un clin d'œil. N'oubliez pas de vous détendre autant que possible et de rester mentalement défocalisé.

D'une manière générale, une fois qu'une personne est capable de produire tous les sons primaires sous la douche froide, elle doit aussi être en mesure de prendre une douche froide en pleine conscience. Si vous ne pouvez pas encore maintenir un état méditatif tout au long de votre douche froide, ne vous inquiétez pas. Ce n'est pas une course de rapidité. Avec plus de pratique, vous y parviendrez.

Que vous ayez maintenu un état méditatif parfait tout au long de votre douche froide ou non, assurez-vous de sortir en état de conscience alpha (conscience méditative) au moment de sortir de votre douche. Séchez-vous et habillez-vous en état de méditation. Sortez de la salle de bain et voyez combien de temps vous pouvez vaquer à vos occupations quotidiennes en maintenant la pleine conscience.

Chapitre 16

La conscience sphérique

La conscience était la qualité essentielle d'un maître Samouraï. Chaque moment de sa vie était une opportunité de s'entraîner à la pleine conscience, afin qu'elle soit présente en toute circonstance. Son objectif était que la conscience soit ses yeux, ses mains, ses pieds, son sabre, son bouclier et son cœur. Il n'était satisfait que lorsqu'il pouvait maintenir la pleine conscience en mangeant, en urinant, en pleine conversation, dans son sommeil, pendant l'acte sexuel ; à chaque moment.

Atteindre un tel degré de conscience demande énormément de travail. Si vous vous entraînez correctement, ce ne sera évidemment pas facile, mais vous ne vous ennuierez pas. Une fois que vous maîtriserez l'entraînement, vous remarquerez des choses que vous n'aviez jamais vues auparavant. Un Nouveau Monde d'exploration et d'aventure s'ouvrira à vous. Chaque moment offrira l'opportunité de vivre plus pleinement.

La méditation de la conscience sphérique

Imaginez que vous marchez seul dans une ruelle sombre tard le soir, ce que j'espère vous ne ferez jamais. Maintenant, imaginez que vous entendez des bruits de pas derrière vous. Naturellement, votre esprit va être très attentif à l'espace se situant derrière vous, même si vous regardez vers l'avant.

Alors que vous continuez à marcher, les bruits de pas semblent s'amplifier, comme s'ils se rapprochaient. Votre rythme cardiaque augmente et vous commencez à ressentir de l'anxiété. Votre esprit commence à évoquer des images du voyou qui est derrière vous, d'agression, viol ou autre blessure.

Le premier sentiment que vous éprouverez est la lutte intérieure entre la volonté de se retourner pour voir ce qui se passe et la peur paralysante de le faire. La peur vous fait penser que le fait même de se retourner provoquera une attaque. La plupart des gens ressentent une profonde anxiété lorsque leur système nerveux passe en mode combat-fuite. Cette réponse est logique à défaut de meilleure stratégie. Le mode combat-fuite est une réponse de panique qui bloque la conscience. Heureusement, il existe une autre solution, la conscience sphérique.

L'élément clé de la conscience sphérique se trouve dans le scénario présenté ci-dessus : précisément la capacité à être sensible à la zone qui se situe derrière vous, même si vos yeux regardent droit devant. Dans cette situation, votre esprit fait une chose particulièrement importante puisqu'il ressent intentionnellement vers l'arrière alors que techniquement parlant, vos sens sont faibles, voire inexploitables, dans cette direction-là.

Malgré cet angle mort sensoriel, vous êtes attentif à cette direction. En réalité, vous pouvez être attentif à n'importe quelle direction de la même manière. Au départ, il est plus facile de remarquer cette capacité lorsque vous imaginez que quelqu'un est à vos trousses. Essayez par vous-même. En regardant droit devant vous, dirigez votre attention sur votre côté gauche, sans regarder à gauche. Maintenant, faites la même chose avec votre côté droit. Essayez en prêtant attention à ce qui se déroule derrière vous. Faites-le encore une fois, dans chaque direction rapidement, gauche, droite, derrière, au-dessus et en dessous. Ensuite, faites-le en vous détendant cette fois. Comment vous sentez-vous ?

Et si, grâce à la relaxation, vous pouviez être attentif à toutes les directions simultanément ? Comment vous sentiriez-vous ? C'est possible. Essayez. Qu'est-ce que ça fait ?

Beaucoup de mes élèves ont déclaré qu'après avoir consciemment développé ce sens, ils avaient l'impression que quelque chose s'était ouvert en eux. C'est exactement ce que je ressens aussi. Je me demande si vous pouvez vous aussi ressentir cette ouverture. Si ce n'est pas le cas, cela viendra avec le temps. Une fois que vous l'aurez vécu, vous comprendrez exactement ce que je veux dire. Vous ne serez pas capable d'expliquer intelligemment ce changement à quelqu'un qui ne l'a pas vécu.

Mais alors, quelle est la différence entre la conscience anxieuse de la personne qui est poursuivie et ce que nous faisons maintenant ? La différence réside principalement dans l'état du système nerveux. Dans le scénario de la traque, vous êtes probablement dans un état de peur et de grande anxiété ; une réponse du système nerveux sympathique connue comme étant une réponse combat-fuite. Lorsque vous êtes dans cet état, le système nerveux se comporte comme une souris qui aurait senti la présence d'un chat. La sensibilité est faible et réactive.

En mode combat-fuite, nous sommes très susceptibles de paniquer, ce qui mène à l'un des trois scénarios suivants. La réaction la plus commune est l'évitement, lorsque l'esprit essaie de se convaincre qu'il n'y a aucun danger : « C'est mon imagination qui me joue des tours. », « Il ne me traque pas, il va simplement dans la même direction que moi. ». Ces justifications peuvent refléter la réalité ou pas. Si quelqu'un vous suit réellement, l'évitement vous met dans une position de grande vulnérabilité.

Le deuxième scénario, qui est aussi une réponse de combat-fuite, consiste à se lancer dans une course effrénée en réponse à votre panique. Cela incitera la personne qui vous suit à vous poursuivre, comme un chat poursuit instinctivement une balle. Si vous êtes rapide, vous pourrez lui échapper. Cependant, à cause de la panique, vous ressentirez certainement une décharge d'adrénaline, ce qui signifie que votre corps s'épuisera rapidement. Si le harceleur est en bonne forme physique, il sera certainement en mesure de vous attraper. Et s'il y parvient, vous serez tellement fatigué qu'il vous sera impossible de penser efficacement ou de faire quoi que ce soit d'utile.

Dans le troisième scénario, on pourrait être dans l'aspect combattant du combat ou de la fuite, en décidant de se retourner et d'attaquer celui qui est derrière vous. Encore une fois étant donné que vous répondez dans un état de panique, comme un animal acculé dans un coin, vous souffrirez de la baisse d'adrénaline qui s'en suivra et vous serez rapidement épuisé. Si vous êtes chanceux, la personne qui vous suivait, s'il s'avère que vous étiez vraiment suivi, sera prise au dépourvu et dépassée. Si elle a une arme, vous pourriez être blessé ou tué.

Ces trois réactions n'ont absolument rien à voir avec ce que j'entends par la méditation et la conscience. Car pour qu'il y ait conscience, nous ne devons pas être en mode combat-fuite, la réponse du système nerveux sympathique en onde bêta extrême. Nous devons être en conscience sphérique, un état d'ondes alpha similaire à celui d'un maître Samouraï entouré par des adversaires dont l'unique objectif est de l'abattre. Même en regardant la mort dans les yeux, il reste calme, conscient de toutes les directions, confiant et sûr que son corps en pleine conscience lui révélera le meilleur chemin vers une issue favorable.

Lorsque vous êtes en mode combat-fuite, une tension excessive s'accumule dans votre corps, rendant vos mouvements plutôt raides. Votre attention est focalisée dans une seule et même direction et vous présentez au monde une énergie se rapportant à la faiblesse. Cette image attire l'attention de potentiels agresseurs, exactement comme un élan blessé attirerait l'attention d'une meute de loups. Le fait de ne pas être conscient suffit à attirer l'attention de potentiels agresseurs, car le langage corporel renvoie alors une image de vulnérabilité.

Lorsque l'on maintient une conscience sphérique centrée, les prédateurs sont dissuadés, car pour eux, la limitation des risques est une priorité instinctive. Il est inutile d'adopter une posture de dur à cuire. Ce ne serait pas de la pleine conscience, et il y a de fortes chances pour que cela débouche sur une confrontation violente.

Au lieu d'essayer de paraitre dur, demeurez calme et centré. La qualité de cette énergie a un effet incroyable sur les agresseurs potentiels. La plupart d'entre eux sont désorientés lorsqu'on leur fait face avec un comportement calme et conscient. La confusion, lorsqu'on se trouve déjà sous pression créée un sentiment de peur. Soudainement, le prédateur est hésitant et l'hésitation mène souvent au repli.

Plus jeune, j'ai eu plusieurs fois l'occasion de tester de manière inopinée la conscience calme et centrée sous la menace d'agresseurs. Chacune de ces occasions s'est soldée par une confusion apparente des agresseurs et un retrait pacifique. Mon état d'esprit hâtif avait attiré leur attention. Une fois qu'ils ont commencé à s'approcher, je les ai remarqués, mais j'ai aussi remarqué l'énergie que je projetais et qui les avait attirés. À cet instant, j'ai fait appel à la conscience sphérique. Ils ont alors reculé sans un mot, ni confrontation violente. Au départ, j'ai été déconcerté par leurs réactions étranges à ma conscience calme, mais après avoir continué assez longtemps mon entraînement et avoir testé le pouvoir de la conscience sphérique encore et encore, j'ai réalisé que les personnes en mode prédateur sont déstabilisées par cet état.

Les systèmes nerveux de tous les animaux, y compris les humains, ont évolué au cours des âges pour détecter quatre états du système nerveux. Le premier état est celui du manque de conscience ou l'inattention, la cible la plus facile. Le deuxième état est celui de l'évitement ou du déni, une autre cible facile. On peut observer cet état chez les animaux qui lorsqu'ils sont nerveux détournent leur regard du facteur de stress, mais ne s'enfuient pas. Le troisième état est la fuite, qui donnera lieu à une poursuite, le rendant ainsi bien plus stimulant que l'inattention ou l'évitement. Le quatrième état est celui de l'agression, où l'animal se retournera et affrontera l'agresseur.

La majorité des rencontres dans la nature aboutissent à des courses-poursuites, car les animaux entrent généralement en mode fuite plus qu'en mode évitement. Et évidemment, les animaux sauvages sont beaucoup plus attentifs que les êtres humains, car c'est indispensable à leur survie. Des quatre états, le plus difficile est celui dans lequel l'animal se retourne et se bat. La plupart des prédateurs ne sont pas préparés à une telle réponse. Un combat mène généralement à des blessures infligées des deux côtés. Donc, cibler un animal susceptible de choisir de se battre est une mauvaise stratégie pour un prédateur isolé. La plupart des prédateurs essaieront d'éviter les animaux qu'ils soupçonnent de pouvoir entrer en mode combat à moins que les prédateurs soient plus nombreux que la proie.

Il existe toutefois un autre état auquel le système nerveux par défaut semble aveugle : la conscience sphérique lucide. Les animaux semblent incapables de choisir cet état, mais les humains, s'ils le connaissent, peuvent le choisir. Avec de l'entraînement, les êtres humains peuvent incarner ce type de pleine conscience dans leur quotidien.

La conscience sphérique par la sensibilisation à la pression

Remarque : par mesure de sécurité, pensez toujours à programmer 10 minutes sur un minuteur pour vous rappeler de sortir de votre douche avant tout risque d'hypothermie.

Maintenant que vous êtes familiarisé avec la conscience sphérique, il est important que vous commenciez à la mettre en pratique et à la développer à travers des défis progressifs. Nous pouvons utiliser la douche froide pour commencer à exercer la conscience sphérique par la sensibilisation à la pression.

Mettez-vous en état de conscience sphérique lucide avant d'entrer dans la salle de bains. Dès que vous êtes calme et en pleine conscience, entrez dans la pièce, déshabillez-vous et mettez-vous la douche en maintenant la conscience sphérique.

Une fois dans la douche, regardez le pommeau de douche et voyez si un sentiment d'appréhension vous tire hors de la pleine conscience. Pour tester votre conscience, placez le pommeau de douche au centre de votre conscience visuelle sans focaliser dessus. Si vous y parvenez, vous devriez être en mesure de rester conscient de manière sphérique.

Ouvrez le robinet d'eau froide en ayant pour objectif de maintenir cet état dans le chaos aquatique. Maintenez une légère conscience de l'espace qui vous entoure, de manière à remarquer calmement une présence si quelqu'un devait entrer dans la pièce.

Une fois votre douche terminée, sortez et séchez-vous tout en maintenant la conscience sphérique. Habillez-vous et observez combien de temps il vous est possible de maintenir cet état au long de la journée.

Une personne qui n'est pas tout à fait prête pour le défi de la pression sur la conscience sphérique remarquera que son énergie s'effondre pour redevenir faible à la simple idée de la douche froide ou au contact de l'eau froide. Elle remarquera que son attention se replie sur elle-même de manière défensive, car le corps et ses systèmes ne sont pas encore assez forts pour demeurer dans cet état de conscience lorsque soumis à la pression. Même les personnes qui ont plusieurs années de méditation à leur actif seront incapables de méditer sous une douche froide s'ils n'ont pas entraîné leur corps correctement.

La réalité est que les personnes qui ont une faible énergie sont incapables de méditer si elles ne sont pas à l'aise. En nous entraînant à la conscience inébranlable, nous devons dépasser notre dépendance inconsciente au confort, car la vie est souvent inconfortable. Si le méditant ne transcende pas cette barrière du confort, il existera une séparation constante entre la pleine conscience méditative et la vie quotidienne. Par conséquent, ce n'est qu'en mettant au défi nos capacités méditatives par le biais de l'inconfort que nous pourrons incarner totalement la conscience dans notre vie.

Chapitre 17

L'entraînement corporel intensif

Le moment le plus difficile pour prendre une douche froide se situe entre 3 et 4 heures du matin, lorsque la tension artérielle et l'activité hormonale sont au plus bas. Vous avez peut-être remarqué que lorsque vous êtes malade, c'est à ce moment-là que les symptômes sont les plus virulents. C'est aussi aux premières heures du matin que beaucoup de personnes décèdent dans leur sommeil. Bien sûr, si vous vous réveillez à 5 ou 6 heures du matin, votre pression artérielle sera probablement plus haute qu'à 3 heures du matin, mais elle restera assez basse, comparée à d'autres moments de la journée. Donc prendre votre douche froide le matin constitue un défi non négligeable. En revanche, le moment le moins difficile pour prendre une douche froide sera lorsque vous êtes bien réveillé et que votre tension artérielle est revenue à la normale. Si vous avez pris l'habitude de vous entraîner à prendre vos douches froides à ces moments relativement faciles, vous pourriez penser que vous maîtrisez la méthode, mais ce n'est pas le cas.

Pour atteindre une maîtrise totale, il faut prendre sa douche froide tôt le matin, lorsque le corps a peu d'énergie. Lorsque vous serez en mesure de prendre vos douches en pleine conscience sphérique, alors vous saurez que vous êtes prêt pour la prochaine étape, que nous explorerons dans ce chapitre.

Une fois que la douche froide est maîtrisée à travers la conscience sphérique, cela signifie que nous ne sommes plus hésitants en entrant sous la douche, à moins que nous soyons malades. De nouveaux défis nous attendent si nous le souhaitons, comme prendre des bains froids par exemple.

Avant de prendre part à ce type d'entraînement, assurez-vous de consulter un professionnel de santé. Si vous souffrez de pathologies cardiaques ou du syndrome de Raynaud, il vaut mieux s'abstenir de prendre des bains froids avant d'avoir surmonté ces troubles. Si vous n'avez aucune intention de prendre un bain froid, vous pouvez sauter cette partie et passer directement au chapitre suivant pour reprendre votre progression sans les bains froids.

Avant de nous pencher sur les méthodes spécifiques et les raisons de prendre des bains froids, commençons par nous intéresser aux exceptions : lorsqu'une personne par ailleurs en bonne santé qui avait décidé de prendre des bains froids pourrait vouloir s'en passer certains jours.

Les jours de maladie

Si un matin en vous réveillant, vous ne vous sentez pas bien, vous pouvez supprimer le bain froid du programme voire la douche froide en lui préférant la technique du lavabo décrite dans le chapitre 8. Si votre niveau d'énergie est très bas, que vous ayez de la fièvre, des frissons ou des signes de maladie, évitez toute forme d'entraînement par le froid ; cela pourrait affaiblir davantage votre corps. Ces jours-là, reposez-vous.

Si vous n'êtes pas souffrant, mais que votre niveau d'énergie est bas, vous pouvez continuer votre entraînement par le froid en utilisant la technique du lavabo détaillée au chapitre 8.

J'ai commencé mon entraînement à l'eau froide dans un ruisseau pendant un camp de survie. Cet été-là était tellement humide que je ne parvenais pas à dormir la nuit. J'ai commencé à m'immerger dans le ruisseau la nuit afin de rafraîchir mon corps, simplement pour avoir de meilleures nuits de sommeil. Et cela donnait d'excellents résultats.

Une fois rentré à Tokyo, un endroit très humide aussi, j'ai continué à faire de même avec des bains d'eau froide cette fois. Nous vivions dans un appartement sans climatisation, les nuits étaient moites et très inconfortables. Les bains froids ont considérablement augmenté la qualité de mon sommeil.

À la suite de cet entraînement, j'ai arrêté de porter des vêtements épais en hiver. De ce fait, il y avait très peu de différences entre ma garde de robe d'hiver et d'été. Je préfère toujours les bains froids aux douches froides. Comme je l'ai mentionné plus tôt, le syndrome de Raynaud semble courant dans ma famille, je dois donc tout de même être attentif lorsque je prends des bains froids et m'assurez d'être assez couvert par temps froid.

Les immersions dans l'eau froide présentent des défis différents de ceux des douches froides. Les bains ne sont pas aussi chaotiques que les douches froides, mais présentent plus de difficultés pour le corps. Les bains froids sont un défi pour le calme, car ils évacuent la chaleur du corps plus rapidement que les douches froides, mais plus discrètement.

En supposant que vous soyez apte à prendre des bains froids, selon vous et votre médecin, il est important de connaître les symptômes de l'hypothermie avant de se mettre aux bains froids. Une incapacité à reconnaître ces symptômes peut mener au décès.

Les symptômes de l'hypothermie

Selon la Clinique Mayo, les signes de l'hypothermie sont les suivants :

- Des frissonnements
- Une mauvaise articulation ou des marmonnements
- Une respiration lente et superficielle
- Un pouls faible
- De la maladresse ou un manque de coordination
- De la somnolence ou un niveau d'énergie extrêmement bas
- De la confusion ou la perte de mémoire
- La perte de connaissance

La Clinique Mayo avertit : « Une personne atteinte d'hypothermie n'est généralement pas consciente de son état, car les symptômes débutent souvent graduellement. ». Le site web précise : « Une pensée confuse, associée à l'hypothermie empêche toute conscience de soi », ce qui peut « conduire à un comportement de prises de risques ».

La clinique Mayo énumère en outre un certain nombre de facteurs de risque qui peut augmenter les chances de souffrir d'hypothermie (voir « Hypothermia » sur le site web de la Mayo Clinic en anglais) :

- La fatigue ou l'épuisement réduiront votre tolérance au froid.
- L'âge peut réduire la capacité du corps à réguler la température du corps et à sentir les symptômes de l'hypothermie.
- À l'adolescence, le corps perd de la chaleur plus rapidement qu'à l'âge adulte.
- Les troubles mentaux comme la démence et d'autres maladies peuvent interférer avec le jugement ou la conscience des symptômes de l'hypothermie lorsqu'ils apparaissent.
- L'alcool provoque la dilatation des vaisseaux sanguins, ce qui donnera une sensation de chaleur dans le corps. À cause de cette dilatation, les vaisseaux sanguins qui devraient se contracter pour se protéger du froid ne le font pas. Le corps perdra alors sa chaleur plus rapidement. De plus, l'alcool diminue la réponse naturelle au froid que sont les frissonnements (qui sont l'un des premiers signes indiquant que vous devez sortir de l'eau). Avec l'alcool, il existe aussi le risque de s'évanouir dans l'eau.
- Les drogues récréatives affectent le jugement et peuvent mener à un évanouissement dans l'eau froide.
- Les problèmes de santé qui affectent la régulation de la température du corps comme l'hypothyroïdie, l'anorexie mentale, le diabète, les AVC, l'arthrite grave, la maladie de Parkinson, les chocs et les lésions médullaires peuvent augmenter le risque d'hypothermie.
- Les médicaments comme les antidépresseurs, les neuroleptiques, les antidouleurs et les sédatifs peuvent réduire la capacité du corps à réguler la chaleur.

Ce qu'il faut retenir : l'entraînement au bain froid ne doit être pratiqué que par des personnes qui sont prêtes à prendre cet entraînement au sérieux, et qui ont consulté un professionnel de santé. Si vous remarquez tout symptôme d'hypothermie, cessez immédiatement l'exposition au froid et réchauffez votre corps. En règle générale, ne restez pas plus de 10 minutes dans l'eau froide. Une fois que votre corps sera conditionné au froid, et que vous serez au fait des différents signes de l'hypothermie, vous pourrez rester dans le bain un peu plus longtemps.

La méditation dans un bain froid

Remarque : par mesure de sécurité, pensez toujours à programmer 10 minutes sur un minuteur pour vous rappeler de sortir avant tout risque d'hypothermie.
Une fois que votre circulation sanguine et vos cellules seront devenues plus fortes et plus saines, les bains froids vous permettront de profiter de merveilleux moments de méditation puissante.

Voici comment prendre un bain méditatif basique :

- Assurez-vous d'être en pleine conscience sphérique avant d'entrer dans votre bain.
- Essayez d'y entrer et de vous asseoir d'un mouvement fluide, conscient et harmonieux, sans pause, et sans vous précipiter.
- Une fois assis, étendez lentement les jambes afin qu'elles soient totalement immergées.
- Une fois que vos jambes sont complètement mouillées, retenez votre respiration et allongez-vous avec autant de grâce que possible, afin que votre buste et votre tête soient immergés.
- Restez sous l'eau aussi longtemps que vous pouvez retenir votre respiration en étant à l'aise, tout en maintenant votre conscience sphérique.
- Une fois que vous êtes prêt à prendre votre prochaine inspiration, rasseyez-vous et détendez-vous dans une profonde méditation.
- Pendant que vous serez assis, votre chaleur corporelle va réchauffer l'eau qui vous entoure. Cela créera une sorte de barrière qui vous isolera de l'eau la plus froide. De temps en temps, faites de légers mouvements avec vos mains et vos jambes pour déplacer l'eau pour que votre corps entre en contact avec l'eau la plus froide possible.
- Après une minute de méditation assise, avec grâce, retenez votre respiration et immergez de nouveau la partie supérieure de votre corps et votre tête jusqu'à ce que vous soyez prêt à prendre une nouvelle inspiration.

- Arrivé à la limite des dix minutes (ou avant si vous ressentez des symptômes d'hypothermie), sortez de la baignoire toujours en pleine conscience sphérique.
- Séchez-vous, habillez-vous et continuez votre journée en conscience sphérique.

Une fois que vous saurez comment rester dans un état de conscience sphérique tout au long du procédé de bain basique dont j'ai décrit les grandes lignes, oubliez la forme et faites ce qui vous semble approprié durant votre bain, en vous assurant d'être attentif aux mesures de sécurité. Sentez votre chemin à travers l'expérience à partir d'une conscience sphérique profonde.

Chapitre 18

Exercices et jeux de conscience

Pour découvrir la conscience inébranlable, il est crucial d'intégrer la conscience sphérique à la vie quotidienne, à la maison, mais aussi à l'extérieur. Notre objectif est que la conscience nous affecte à un niveau aussi profond que l'instinct.

Pour les êtres humains, comme pour les animaux, les jeux sont un moyen efficace d'entrer en contact avec l'instinct. Si vous étiez un chasseur-cueilleur, où que vous viviez dans le monde, vous connaîtriez certainement des variantes des exercices et jeux inclus dans ce chapitre.

Dans ma quête personnelle pour incorporer la conscience à ma vie quotidienne, j'ai inventé bon nombre de ces exercices et jeux pour découvrir bien plus tard que des gens les utilisaient depuis des lustres. Les outils à disposition dans ce chapitre ajouteront un peu de piment à votre pratique quotidienne et vous aideront à maintenir la pleine conscience. J'espère qu'ils vous plairont autant qu'à moi.

La vision à rayon X

Le premier exercice consiste à prétendre que vous avez une vision à rayon X. Vous avez peut-être déjà imaginé que vous aviez une vision à rayon X lorsque vous étiez enfant. Cependant, ce jeu diffère probablement un peu de ce à quoi vous jouiez petit. La base de cet exercice est la conscience sphérique, que nous combinerons avec une carte imaginaire constamment mise à jour tout au long de notre pratique.

Les yeux ouverts, imaginez que vous avez une vision à rayon X vous permettant de voir à travers les murs, les portes, les couloirs, etc., au-delà de votre vision. Si vous êtes à l'extérieur, vous pouvez visualiser la configuration du terrain, les arbres, les collines, les rivières, etc., qui se trouvent au-delà de votre champ visuel. Créez une carte mentale 3D peu détaillée de votre environnement, afin que si vous fermez les yeux, vous puissiez imaginer l'ensemble de l'espace en incluant les objets évidents comme les meubles (inutile d'essayer d'imaginer des images en haute définition en visualisant la texture des murs ou les défauts de la peinture).

Cet exercice vous permettra d'être attentif à votre environnement, et cette attention vous permettra de maintenir une carte relativement à jour. Cet exercice vous donnera envie de découvrir ce qui se trouve au-delà de votre conscience physique. Les nouvelles informations seront recensées dans votre carte mentale et incluses à votre vision à rayon X. La carte ne sera jamais entièrement correcte, mais elle vous permettra de pratiquer la conscience sphérique tout en vous maintenant physiquement attentif à l'espace qui vous entoure.

Tourner avec la vision à rayon X

Ceci est une extension de l'exercice de la vision à rayon X.

1. Levez-vous et regardez autour de vous pour créer une carte mentale de votre environnement.
2. Une fois que vous avez cartographié votre environnement, étendez votre conscience à l'ensemble de la zone de manière sphérique comme vous avez déjà appris à le faire.
3. Une fois que votre conscience est élargie, fermez vos yeux en activant votre vison à rayon X imaginaire et commencez à tourner lentement sur place, comme l'aiguille d'une montre.
4. En tournant lentement les yeux fermés, sélectionnez un objet, une pièce ou une porte à pointer du doigt après avoir effectué plusieurs rotations à 360 degrés.
5. Dès que vous sentez que cet objet ou cette pièce se trouve droit devant vous, arrêtez-vous et pointez-la du doigt toujours les yeux clos. Ouvrez les

yeux pour vérifier si vous avez vu juste. En jouant souvent à ce jeu, vous développerez la capacité de cartographier votre environnement en toute circonstance, tout en travaillant votre conscience sphérique.

La vision topographique

La topographie est l'étude des caractéristiques et de la forme d'un territoire. La vision topographique est un exercice pratiqué par les chasseurs-cueilleurs afin de ne pas se perdre. Tout en marchant, ils imaginent que leur esprit prend de la hauteur, leur permettant d'observer la composition du terrain, ses formes et ses caractéristiques principales.

Cette vue imaginaire inclut les montagnes, les vallées, les rivières, les ruisseaux, les forêts, les prairies et ainsi de suite. En revanche si vous étiez en ville, cela inclurait les immeubles, les rues, les zones commerciales, les zones d'habitation, les hauts plateaux et les plaines.

En état méditatif, imaginez que votre « œil spirituel » s'élève hors de votre corps jusque dans les airs pour avoir une vue de la typographie de votre environnement. Lorsque vous vous déplacez, continuez à actualiser cette vue topographique.

De nombreuses personnes ont rapporté avoir eu l'impression très agréable d'être dans un état second pendant la pratique de cet exercice. Cette sensation est causée par le passage à un état d'ondes cérébrales conscientes. En jouant à ce petit jeu lorsque vous marchez, les chances de se perdre sont considérablement réduites.

Le jeu de l'assassin

C'est un excellent jeu de conscience qui stimule à la fois votre instinct et votre conscience sphérique. L'idée est d'étendre votre conscience sphérique à l'ensemble de l'espace de votre domicile par exemple, en ayant l'objectif de sentir où se situent les autres personnes à tout moment. Dans ce jeu, imaginez que les autres personnes sont des assassins qui sont à vos trousses.

Pour marquer un point, vous devez remarquer que quelqu'un approche avant que cette personne ne soit à 3 mètres de vous. Si vous l'avez remarquée avant qu'elle soit à 3 mètres, alors vous avez survécu à l'attaque de votre assassin. Vous pouvez mentalement marquer un point en votre faveur. Si une personne approche à moins de 3 mètres avant que vous l'ayez remarquée, alors vous avez été assassiné.

Dans ce cas, vous pouvez vous retirer un point.

Il est inutile de parler de ce jeu à qui que ce soit. Peu importe si les personnes qui vous entourent essaient délibérément de vous surprendre ou si elles ignorent votre présence ; si l'une d'entre elles s'approche à moins de 3 mètres de vous, alors vous avez été tué. En fin de journée, faites le compte du nombre de fois où vous avez évité l'assassinat comparé au nombre de fois où vous avez été tué. J'avais l'habitude de consigner mes points dans un petit carnet afin de voir si je progressais avec le temps. Vous souhaiterez peut-être faire la même chose.

Au fur et à mesure que votre conscience s'améliore grâce à ce jeu, vous pourrez augmenter les défis. Vous pourrez facilement le faire en augmentant les distances, passez de 3 à 4 ou 6 mètres, voire plus, à mesure que vous gagnez en capacités.

En vous entraînant de cette manière, vous développerez une sorte de sixième sens, qu'on attribue souvent aux arts martiaux dans les légendes. Plus important, cela stimule simultanément l'instinct et la conscience, modifiant votre réponse instinctive de manière à ce qu'elle soit connectée à la conscience sur une plus longue durée, et à mesure que cette connexion se renforce, vous éprouverez moins d'anxiété face au chaos de la vie.

Les angles morts

La plupart des accidents de voiture se produisent dans des zones que les conducteurs concernés connaissent bien, comme leur propre quartier. Les statistiques sur les accidents montrent que plus vous êtes proches de chez vous ou sur une route que vous fréquentez souvent, plus vous avez tendance à conduire en pilote automatique, un moment où vous serez donc moins conscient.

Pensez aux fois où vous arrivez à destination sans réellement vous souvenir de votre trajet. Lorsque nous conduisons dans une zone que nous connaissons bien, nous avons tendance à nous déconcentrer totalement et à nous reposer sur la mémoire musculaire. Dans ce cas de figure, il est logique que notre risque d'être impliqué dans un accident augmente.

Non seulement les accidents sont plus fréquents lorsque nous sommes proches de chez nous, ils sont aussi plus meurtriers, car beaucoup de personnes négligent la ceinture de sécurité, ou ont tendance à l'enlever avant d'être arrivées à leur domicile.

Si vous prêtez attention à votre façon de conduire, vous remarquerez que vous êtes plus vigilant lorsque vous conduisez dans une zone que vous ne connaissez pas. Cette vigilance s'applique à la plupart des personnes lorsqu'elles se trouvent dans une situation nouvelle, pas seulement au volant.

Si vous deviez observer les gens dans une ville très fréquentée, il serait relativement facile de différencier les touristes des locaux. Les locaux ont tendance à être pressés. Ils se déplacent directement d'un point A à un point B, sans vraiment regarder autour d'eux, en ayant souvent les yeux rivés sur leurs pieds. Les touristes en revanche, ont tendance à bien plus regarder autour d'eux, ce qui rend leurs chemins moins directs et moins précipités dans l'ensemble.

Si vous étiez un assassin en train d'élaborer votre plan, qui cibleriez-vous, une personne consciente, ou une personne inconsciente ? La personne la moins consciente sera la meilleure cible. Pour maximiser vos chances de réussite, vous choisiriez d'atteindre votre cible dans un lieu où elle sera moins alerte, évidemment.

Lorsqu'on imagine un ninja assassin dans le japon ancien, on pense à un jeune guerrier puissant et expérimenté dans une combinaison noire. C'est ce que Hollywood nous a fait croire. Il y avait effectivement des guerriers expérimentés parmi les ninjas, mais la plupart des assassins et espions étaient des femmes, comme les domestiques ou les maîtresses. Leurrée par une apparence inoffensive, la cible était généralement tuée dans son propre lit ou dans les latrines. Lorsque nous nous trouvons dans ces lieux, nous avons tendance à nous croire en sécurité, donc nous nous autorisons à être totalement centrés sur nous-mêmes.

Les agresseurs eux aussi recherchent en général des personnes seules qui ne sont pas attentives. Contrairement à ce que l'on peut penser, de nombreuses agressions se déroulent en plein jour. Si vous étiez un agresseur expérimenté, qui cibleriez-vous ?

Plus jeune, quelqu'un a essayé de m'agresser en plein jour à un arrêt de bus. J'étais pressé, et je n'étais pas attentif. Je devais avoir l'air de la victime idéale. L'agresseur a pu marcher jusqu'à ma hauteur, et a brandi un couteau et a pratiquement touché ma cage thoracique avant que je sorte de mon état de stupeur. Mon calme et ma conscience sphérique l'ont déstabilisé, j'ai donc été capable d'interrompre son plan malveillant. Si j'étais resté en ondes cérébrales bêta, l'issue de cette rencontre aurait pu être différente. L'autoabsorption est dangereuse.

Si vous prêtez attention à ce que vous regardez lorsque vous conduisez pour aller au travail ou pour en revenir, vous remarquez que vos yeux ont tendance à voir et à manquer les mêmes choses à chaque trajet ou presque. Cela se vérifie aussi lorsque vous marchez chez vous. Certains endroits semblent retenir votre attention, et certains autres ne sont jamais vus. C'est dans ces angles morts que peut se cacher l'assassin.

Pour avoir une meilleure idée des habitudes à adopter pour reconfigurer notre conscience afin de remarquer les angles morts, nous devons prêter attention aux endroits que nous regardons lorsque nous marchons chez nous. Vous vous rendrez probablement compte que vous regardez systématiquement les mêmes choses et échouez dans la vision des autres choses, de manière répétée. En observant simplement vos schémas de vie, un assassin expérimenté saura mieux que vous, à quelles choses vous prêtez attention précisément. Pour mener à bien son plan malveillant, il n'aura qu'à se trouver dans un des angles morts sur votre passage.

Lorsque vous commencez à voir vos propres angles morts, mettez-vous à observer ceux des membres de votre famille et de vos voisins. Notez également leurs habitudes régulières. À quelle heure vont-ils chercher le courrier, sortir la poubelle, partent au travail, rentrent, etc. ? Certains aspects varient alors que d'autres sont d'une régularité constante. Les habitudes persistantes sont un indicateur d'angles morts potentiels que votre assassin imaginaire pourrait utiliser contre vous.

L'élément clé de ce jeu et de tous les jeux est qu'il doit être pratiqué en ondes alpha, en pleine conscience, et non en ondes bêta. Si vous vous entraînez à repérer les angles morts en imaginant toutes vos vulnérabilités potentielles dans l'état d'ondes bêta, cela peut vous causer de l'anxiété, ce qui irait à l'encontre de vos objectifs. Assurez-vous d'être en pleine conscience lors de chaque jeu. Et surtout, amusez-vous !

La conscience du passage

Si vous fréquentez les restaurants ou cafés, ce serait bien d'avoir quelques exercices à y faire aussi. La conscience du passage est un exercice que j'ai appris des enseignements de Sokaku Takeda, le célèbre directeur de Daito-ryu Aikijujutsu au 20ᵉ siècle. Le Daito-ryu est un système martial Samouraï qui m'a été enseigné par Osaki Sensei lorsque je vivais au Japon. Sokaku Takeda a appris à ses élèves proches que lors d'un passage par une porte, pour entrer ou sortir avec quelqu'un, il fallait faire son possible pour être le dernier à passer.

Il expliquait que dans les générations précédentes, beaucoup de samouraïs ont été assassinés de manière inattendue par la personne polie, qui les laisse gentiment passer devant. Souvent, cette personne utilisait une technique d'étranglement, un lacet étrangleur, ou encore elle plantait une dague dans la gorge du Samouraï au moment même où il passait la porte. Ce moment précis était choisi, car les mouvements d'évasion étaient alors très limités.

Takeda Sensei est né pendant la grande période des Samouraïs et son entraînement était très dur. Alors qu'il était encore petit garçon, il avait l'habitude de se faufiler hors de la maison pour aller sur les champs de bataille. Il voulait en savoir plus sur la nature de la guerre. Il a découvert que les guerriers de chaque camp l'ignoraient, car il était un petit garçon. Cela lui permit de s'éduquer sur le sujet sans aucun risque. C'est lorsqu'il est devenu jeune adulte que le Japon a fait la transition pour devenir un pays moderne. Les Samouraïs ont perdu leur position dans la société et le port du sabre, symbole de leur pouvoir féodal, est devenu illégal.

En devenant une nation unifiée et moderne, le Japon est devenu un pays sûr. De ce fait, les guerriers ont allégé leurs protocoles de sécurité, mais pas Takeda Sensei. Jusqu'au jour de sa mort dans les années 80, il s'est obstiné à refuser d'entrer dans un bâtiment avant quelqu'un d'autre.

Bien évidemment, de nos jours il est peu probable que vous rencontriez un assassin. Mais dans notre cas, l'objectif n'est pas d'éviter une tentative d'assassinat. Le but de ce jeu est de vous rappeler d'être en pleine conscience sphérique et dans la meilleure des positions possibles lorsque vous passez une porte ou un passage étroit.

Du point de vue de la personne qui vous accompagne, le fait de lui ouvrir la porte peut être vu comme un acte galant, et ça l'est. Mais la politesse n'est pas la raison pour laquelle nous souhaitons passer en dernier.

Chaque fois que vous y pensez et que vous pratiquez la conscience sphérique et le positionnement stratégique, vous êtes en fait en train de restructurer votre cerveau par le biais de la neuroplasticité afin de faciliter l'accès à la conscience sphérique. Incluons les portes et les passages étroits à notre grand jeu de la conscience !

N'oubliez pas qu'aussi longtemps que notre société est relativement sûre, tout ça n'est qu'un jeu. Inutile de s'énerver si vous ne passez pas en dernier. Observez plutôt à quelle fréquence vous êtes en mesure de gentiment inviter quelqu'un à passer avant vous. Jouez avec ce principe !

Le positionnement du siège

Vous avez appris à éviter une tentative d'assassinat par galanterie en entrant et en sortant en dernier. Maintenant que vous avez passé le seuil de la porte, utilisez votre conscience sphérique pour observer la configuration générale du bâtiment et les différentes issues. Notez quelle table permet d'avoir le siège où vous serez le plus en sécurité et où vous aurez le meilleur point d'observation. Essayez de choisir la table qui présente le moins d'angles d'attaque possible tout en vous offrant le meilleur point de vue de l'ensemble de l'espace.

En gardant à l'esprit le critère de la sécurité, s'asseoir à côté d'une fenêtre ou d'un couloir n'est pas conseillé. Il vaut mieux également éviter de choisir une table au milieu de la pièce, entourée par d'autres tables. De manière générale, une table dans un coin constitue le meilleur point d'observation sans exposer votre dos. Si la table idéale n'est pas disponible, choisissez la deuxième meilleure option possible, une table vous permettant d'avoir une vue d'ensemble et le moins d'angles d'attaques possible.

Une fois que vous avez identifié la meilleure table, invitez votre groupe à s'y installer. C'est aussi un jeu qui travaillera votre capacité à mettre des personnes en sécurité sans forcément qu'ils en soient conscients.

Pour que les personnes qui vous accompagnent s'asseyent à la table que vous avez choisie, vous pouvez leur expliquer que vous apprenez des techniques de défense et que le fait de sélectionner la table la plus sûre fait partie de votre entraînement. Si vous ne souhaitez pas divulguer cette information, vous pouvez présenter la table de manière avantageuse. Si vous sortez pour un rendez-vous par exemple, vous pourriez confier à votre partenaire que vous aimeriez vous installer à cette table en particulier, car elle vous permettra d'être dans une atmosphère plus intime. Personnellement, je préfère dire la vérité, car cela permet de gagner beaucoup de temps avec les gens ; si quelqu'un n'apprécie pas la personne que je suis profondément, alors la vérité nous aura permis de ne pas perdre de temps.

Après vous être dirigé vers la table sélectionnée, asseyez-vous à la place la plus avantageuse pour vos fonctions imaginaires de protecteur. Cette place-là vous permettra d'avoir une conscience visuelle optimale de l'ensemble de la pièce tout en vous assurant une possibilité de mouvement optimale.

Ensuite, il faudra également considérer votre position assise. Si vous vous asseyez dans le coin le plus reculé de la table, vous limiterez grandement votre capacité de mouvements. C'est une mauvaise idée, car vous serez incapable d'intervenir pour protéger les autres ou vous échapper si nécessaire. En gardant à l'esprit la nécessité de la liberté de mouvement et votre mission protectrice, asseyez-vous le dos au mur et si possible du côté couloir de la table pour pouvoir vous lever facilement en cas de besoin.

Les issues alternatives

Un autre enseignement de Sokaku Takeda est un excellent jeu : trouver des issues alternatives. Chaque fois que vous entrez dans un bâtiment, essayez d'identifier une manière alternative de vous échapper, par une porte de service ou une fenêtre. Pour ce faire, cartographiez mentalement l'espace intérieur de l'immeuble.

Par exemple, si vous êtes dans un restaurant, une fois que votre groupe est installé, prenez quelques minutes pour aller aux toilettes. Levez-vous et dirigez-vous vers les toilettes, en pleine conscience sphérique. Sur votre trajet, cartographiez mentalement la configuration des lieux. Identifiez toutes les portes et fenêtres qui pourraient être ouvertes. Jetez un œil aux cuisines si possible pour savoir s'il existe une porte de service. Aux toilettes, vérifiez également la présence de fenêtres que vous pourriez éventuellement utiliser comme sortie.

Lorsque vous devenez habile à ce jeu, il faut très peu de temps pour trouver des issues alternatives. Cette pratique nous a sauvés d'une attaque de gang, un groupe d'amis et moi, lorsque nous étions encore lycéens. En cas d'instabilité civile, cette compétence pourrait vous sauver la vie. Sans quoi ce n'est qu'un simple jeu, donc amusez-vous.

Partie VI

La conscience vivante

La méditation traditionnelle telle qu'elle est pratiquée depuis des siècles a pratiquement toujours existé comme une retraite de la vie quotidienne. Nous entrons dans une période où cette séparation ne suffira plus. Les êtres humains sont prêts pour la prochaine évolution de la conscience : la conscience vivante.

Nous avons été conditionnés à croire que la méditation doit être difficile et que seuls quelques êtres spéciaux peuvent y prendre part. Pour comprendre à quel point cette idée est fausse, employons une parabole. Dans un zoo, un éléphant adulte est attaché par une corde qu'il pourrait facilement rompre si son esprit n'était pas emprisonné par une fausse croyance. Vous aussi, vous verrez peut-être que vous pouvez facilement briser des croyances autrefois limitantes.

Aussi longtemps que vous pensez que la méditation est compliquée, vous serez attaché. L'éléphant a développé cette croyance lorsqu'il était plus jeune et beaucoup moins fort. À ce stade de son développement, il était attaché par une chaîne métallique épaisse. Il s'est débattu encore et encore contre cette chaîne jusqu'à épuisement de toute volonté de lutter. On a ensuite réduit la taille de sa chaîne. S'il ne tentait plus de lutter, alors il était attaché par une simple corde, qu'il ne tenterait jamais de rompre, à cause des croyances limitantes qu'il a développées.

Avec sa force d'éléphant adulte, il pourrait aisément rompre les cordes d'un zoo, mais il n'essaie jamais, car il pense la corde incassable.

La méditation traditionnelle requiert une concentration énorme pour être véritablement efficace, c'est pourquoi bon nombre d'entre nous pensent qu'il est impossible de vivre en pleine conscience. Cette idée est plutôt raisonnable, car si vous deviez vous concentrer sur une chose en excluant le reste, alors vous seriez incapable de lire, d'écrire, de parler ou de réaliser toute autre activité du quotidien nécessitant un certain degré de concentration. Peut-être que tout comme cet éléphant, vous êtes capable de casser cette chaîne. Vous êtes capable de faire ce pas vers la conscience vivante. Vous avez simplement besoin d'être encadré, qu'on vous montre la direction à prendre pour faire ce pas.

Vivre en pleine conscience ne nécessite pas une grande volonté ou de gros efforts, mais ne vous méprenez pas, il faut se montrer persévérant. Il faut faire preuve de la même persévérance qu'un jeune enfant apprenant à marcher. Il tombe encore et encore, et continue à se relever. Il n'apprend pas à marcher parce qu'il s'est fixé un objectif et veut voir cet objectif se réaliser, comme le ferait un athlète ou un entrepreneur. Un enfant continue d'essayer, poussé par les forces naturelles de la curiosité et de l'instinct. De la même manière, vos prochaines avancées doivent trouver leur source dans la curiosité et dans l'instinct. Avec la MIT, votre plus grand obstacle ne sera pas le manque de volonté, mais simplement le fait d'oublier de méditer au cours de la journée. Si vous pouvez vous rappeler de méditer, le processus sera relativement simple.

Dans la Partie VI, nous apprendrons à mettre en place des rappels de conscience stratégiques afin d'être moins susceptibles d'oublier l'entraînement au cours de la journée. Ensuite, nous ferons la lumière sur la véritable nature de la force intérieure qui vous a freiné jusqu'à maintenant pour que vous puissiez enfin apaiser cette guerre intérieure. De là, vous recevrez un guide pour vous aider à incarner la conscience au quotidien, qui intègre les outils que ce livre a présentés. Enfin, nous explorerons la nature de la conscience, et la façon dont la transformation personnelle émerge à mesure de votre progression sur le chemin.

Chapitre 19

Les rappels quotidiens

L'un des plus grands défis à relever pour intégrer la prise de conscience dans la vie quotidienne est l'habitude d'être inconscient. À moins que nous nous souvenions d'être conscients, notre schéma habituel gardera le contrôle de notre routine. Une véritable transformation personnelle ne peut pas émerger lorsque l'inconscience est maître de notre vie.

Je demande souvent à mes élèves de quantifier en pourcentage, le temps moyen qu'ils passent en conscience sphérique dans une journée. La plupart, lorsque je pose la question pour la première fois, me répondent entre 10 % et 20 %. Si je leur pose cette même question trois à six mois plus tard, le pourcentage diminue invariablement.

On pourrait être découragé en entendant cette réponse. Bien que leur évaluation ait diminué en raison de la pratique, c'est parce qu'ils ont remarqué à quel point ils étaient inconscients au cours de la journée, ce qui est un progrès. La première fois que je leur ai posé la question, ils se pensaient bien plus conscients qu'ils l'étaient en réalité. Leurs estimations étaient très optimistes.

Pour mieux comprendre ce phénomène, il suffit de penser à ce qui se passe lorsque l'esprit erre durant la méditation. Lorsque l'esprit vagabonde, nous ne sommes pas lucides : à ce moment-là, nous ne réalisons pas que nous ne sommes pas pleinement présents. Ce n'est que lorsque nous revenons à la lucidité, que nous quittons cet état de rêverie inconsciente, que nous nous rendons compte que nous n'étions pas conscients. Ils peuvent avoir du mal à quantifier combien de temps ils ont été inconscients, mais au moins ils savent qu'ils ont été inconscients pendant un certain temps.

De la même manière, en devenant plus lucides dans notre vie, nous devenons plus aptes à remarquer les laps de temps durant lesquels nous ne sommes pas conscients. Encore une fois, cette observation ne peut avoir lieu qu'après un retour à la conscience, c'est à ce moment que vous constatez qu'il y a eu une perte de lucidité.

Quand j'ai posé la question la première fois, ils ne savaient pas réellement comment y répondre puisqu'ils ne remarquaient pas les moments d'absence. Au moment de répondre à la question la deuxième fois, les élèves ont eu de nombreuses occasions d'observer ces pertes de lucidité. Après des mois de suivi de moments d'absence de conscience, ils reconnaissaient qu'ils sont bien moins conscients que ce qu'ils pensaient initialement.

La plupart des personnes qui ne prêtent pas attention à leur lucidité, ou leur manque de lucidité pensent qu'elles sont maîtres de leur vie. C'est souvent lorsqu'elles commencent à mesurer leur manque de conscience qu'elles réalisent qu'elles ne sont pas tant en contrôle de leur vie que ça. En prêtant attention à leur lucidité, elles se rendent compte qu'elles étaient presque entièrement bloquées dans un rêve compulsif, axé sur le passé et le futur, un rêve de leur identité.

Vous vous demandez peut-être ce que j'entends par « un rêve d'identité ». Si vous avez atteint un niveau de lucidité étendu et calme, vous avez sûrement remarqué que durant cette lucidité, vous n'avez conscience que du moment présent. Dans la pleine conscience, il n'y a pas de pensées à propos de qui nous sommes, d'où nous venons, nos origines, notre culture, notre idéologie, nos croyances, etc. Il n'y a que la conscience de ce qui se passe dans le moment présent, donc l'esprit et de ce fait l'identité sont silencieux. En revanche, le rêve d'identité entraîne l'esprit dans des pensées obsessionnelles à propos du passé et du futur. Il y a peu ou pas de contrôle lorsque nous sommes piégés dans un rêve d'identité.

La clé pour atteindre la liberté intérieure est de se souvenir de pratiquer la pleine conscience durant la journée. Cependant, lorsque nous sommes bloqués dans le rêve du temps, comme c'est le cas la majorité du temps, comment se souvenir de pratiquer la pleine conscience ? C'est la question à laquelle nous répondrons dans ce chapitre.

Si vous intégrez les outils de ce chapitre à votre vie quotidienne, vous vous en souviendrez plus souvent et cela vous aidera à sortir de cet état de rêverie. Vous pourrez alors faire l'expérience de la pleine conscience plus souvent qu'en temps normal.

Les rappels temporels

Un rappel méditatif est une chose que vous choisissez dans le monde physique pour vous aider à revenir à la pleine conscience et au moment présent. Pour que ce rappel fonctionne, vous devez stimuler une voie neurale qui vous le rappellera et vous devrez vous y tenir chaque fois que vous vous voulez être en pleine conscience méditative.

Une horloge est un bon choix de rappel par exemple. Lorsque j'étais enseignant au Japon, je devais regarder l'horloge plusieurs fois durant un même cours pour maintenir un certain rythme, c'est donc devenu le rappel idéal pour moi.

Chaque fois que je regardais l'horloge, j'entrais en pleine conscience sphérique. Comme je devais regarder l'heure plusieurs fois par cours, avec quatre cours par jour en moyenne, cela représentait beaucoup de rappels et beaucoup de temps de méditation.

Lorsque j'étais dans la salle des professeurs, j'utilisais l'affichage de l'heure de mon ordinateur et l'horloge sur le mur comme rappels. Chaque fois que je voyais une indication de temps, j'essayais de prendre un moment pour entrer dans un état de conscience sphérique lucide, même brièvement. Vous devriez faire de même.

Pour que les rappels à la conscience fonctionnent, il est important que vous programmiez d'abord votre esprit pour vous le rappeler chaque fois que vous vérifiez l'heure. Voici comment procéder :

1. Regardez l'heure. Entrez rapidement en conscience sphérique, tout en étant détendu, et restez-y jusqu'à être dans un état méditatif.
2. Dès que vous êtes dans un état méditatif, détachez votre regard de l'heure et concentrez-vous intentionnellement pour revenir à un état non méditatif.
3. Regardez encore une fois l'heure et entrez de nouveau en conscience sphérique.
4. Une fois en état de méditation, détachez votre regard de l'heure et revenez à des ondes cérébrales bêta.
5. Répétez le procédé 5 à 10 fois au moins.

Une fois que vous avez réussi à programmer votre rappel, il faut le tester afin d'être sûr qu'il fonctionne. Pour tester votre rappel, oubliez la méditation et vaquez à vos occupations quotidiennes. Si le rappel fonctionne, la prochaine fois que vous regarderez l'heure, vous vous rappellerez de méditer. Si le rappel ne fonctionne pas, cela signifie que vous devez passer un peu plus de temps à programmer ce rappel dans votre esprit.

Une fois qu'un rappel est programmé, il faut maintenir cette association pour que le rappel continue de fonctionner. Même si vous ne pouvez méditer que brièvement lorsque vous regardez l'heure, sachez que ce laps de temps stimule votre cerveau, favorisant une restructuration qui vous permettra d'atteindre la pleine conscience plus aisément dorénavant. Si vous ne méditez pas à chaque rappel temporel, alors vous défaites cette association.

Les rappels d'asymétrie

Barbara, une de mes élèves, a mis au point une stratégie de rappel astucieuse et j'aimerais la partager avec vous. Elle a intelligemment commencé à modifier des choses dans sa maison pour qu'elles lui servent de rappel. Elle posait un vase à l'envers par exemple, de cette manière, chaque fois qu'elle entrait dans la pièce le vase attirait son attention, ce qui lui rappelait de méditer. Vous pouvez procéder de la même façon avec des photos par exemple, en inclinant volontairement l'une d'entre elles pour qu'elle attire votre attention. Chaque fois que vous la voyez, cela vous rappelle de méditer.

Vous pouvez aussi légèrement modifier le positionnement de vos meubles, afin que l'asymétrie attire votre attention. C'est une bonne idée de rappel. Chaque fois que vous remarquez l'asymétrie, vous méditez. Si les personnes avec qui vous vivez ne veulent pas que vous modifiiez l'intérieur, faites des changements tellement subtils que vous serez la seule personne à les remarquer. Cette intention vous permettra de noter des changements infimes.

Si vous ne supportez pas la moindre asymétrie, notez que cette force intérieure qui se sent perturbée n'est pas alignée avec le calme de la conscience sphérique. Essayez d'affaiblir cette résistance par l'exposition, exactement comme vous avez appris à accepter les douches froides. Si vous avez besoin d'une approche graduelle pour dépasser la résistance aux asymétries chez vous, vous pouvez créer de minuscules asymétries qui ne vous dérangent pas énormément. En devenant plus tolérant aux petites asymétries, vous pourrez intentionnellement augmenter le niveau d'asymétrie. Guidez votre esprit et votre corps grâce à la conscience.

Le jeu de l'asymétrie

Si vous avez un partenaire qui souhaite vous aider dans le processus méditatif, vous pouvez en faire un jeu en lui demandant de faire de légers changements dans la maison chaque jour, sans vous dire ce qui a été modifié avant la fin de la journée.

Vous savez que votre partenaire a modifié quelque chose, et le fait de le savoir vous incitera à être attentif afin de le repérer. La curiosité suffira à vous rappeler de méditer plus souvent, et évidemment, lorsque vous trouverez ce qui a été modifié, vous méditerez en corrigeant le déséquilibre.

En fin de journée, vérifiez auprès de votre partenaire, si vous avez trouvé ce qu'il avait modifié. Son retour vous aidera à mesurer vos progrès.

Si vous ne parvenez pas à remarquer ce qu'il a modifié et que cela se reproduit à plusieurs reprises, alors il faudra que les changements opérés soient un peu plus évidents. Si au contraire, il est trop facile de les remarquer, il faudra faire en sorte que les changements soient plus subtils. Il est important de situer le niveau de difficulté à la limite de vos capacités de conscience, afin d'être constamment stimulé.

Si votre partenaire modifie le positionnement d'éléments chez vous pour vous rappeler de méditer, alors chaque fois que vous parvenez à identifier cet objet assurez-vous de méditer, puis replacez l'objet de rappel dans sa position normale. Si vous ne prenez pas le temps de corriger la position de l'objet en question, votre maison sera très vite entièrement désordonnée, ce qui ne serait pas pratique.

Chapitre 20

Le cœur du chaos

Lorsque la plupart d'entre nous pensent au chaos, nous pensons au caractère imprédictible et changeant du monde qui nous entoure. Nous comprenons que pour survivre nous, humains devons nous adapter à notre environnement ou essayer de le contrôler pour qu'il s'adapte à nous. Évidemment, tous les animaux, par leur existence même, affectent leur environnement, mais ils le font sans planification.

Cela ne signifie pas que les animaux n'ont pas la capacité de planifier. Certains animaux montrent clairement une capacité à planifier et à élaborer des stratégies. Les corneilles, les corbeaux et les pies par exemple, peuvent choisir un bâton et le façonner de manière à attraper des fourmis dans une fourmilière. Cette séquence d'actions semble démontrer la capacité d'établir une stratégie et de façonner un outil pour exécuter et mener à bien ce plan. Ces oiseaux semblent façonner des outils consciemment. Nous pouvons observer des capacités similaires chez les singes et les grands singes. Vraisemblablement, de nombreux animaux ont un certain degré de stratégie consciente.

Toutefois, les êtres humains ont poussé la capacité de planification et de façonnage bien plus loin que le reste du royaume animal. Mais même avec nos incroyables capacités de planification et d'exécution, la majorité d'entre nous ne parvient pas à se fixer un simple objectif de développement personnel et à s'y tenir plus de quelques semaines. Comment est-il possible que nous soyons en mesure de transformer pratiquement l'ensemble de notre environnement externe, tout en étant apparemment incapable d'améliorer nos vies intérieures ?

La réponse est simple, il existe une force intérieure qui ne veut pas changer, qui ne veut pas s'améliorer et qui ne veut pas que vous atteigniez votre véritable potentiel. Cette force intérieure est votre plus grand ennemi, déguisée en votre plus grande alliée. Nous appellerons cette force « l'Imposteur ».

L'Imposteur représente le véritable cœur du chaos de votre vie. L'Imposteur s'exprime de manière séduisante par le biais d'évitements malsains, d'envies et de pulsions dont nous pouvons faire l'expérience chaque jour avec une certaine régularité.

D'où vient cette voix ? Où se tient son trône ? Si vous trouvez ce trône, vous y trouverez l'Imposteur. Une fois trouvé, pourriez-vous reprendre le trône et ainsi retrouver le contrôle de votre vie ? Si vous y parveniez, vous pourriez alors vous fixer un objectif et vous y tenir, sans hésitation ni résistance intérieure. Si cela arrivait, alors votre guerre intérieure prendrait fin et vous seriez enfin en paix.

Avez-vous déjà remarqué l'Imposteur dans votre vie ? Si c'est non, voulez-vous le remarquer ? Si vous ne souhaitez pas encore le voir, ce n'est pas un problème. Avec de l'entraînement, le jour viendra où vous serez naturellement prêt à le voir. À ce moment-là, il sera bon de relire ce chapitre.

Découvrir l'Imposteur

Si vous voulez prendre conscience de l'Imposteur, voici comment faire le premier pas vers une transformation puissante.

La plupart des personnes qui s'entraînent avec les douches froides de la MIT finissent par observer un phénomène étrange. Vous aussi le remarquerez rapidement. Après quelques semaines ou mois, vous constaterez que vous appréciez plus vos douches froides que les douches chaudes. Le fait que les douches froides deviennent plus agréables que les douches chaudes est déjà en soi assez étrange, mais vous pourriez remarquer quelque chose de plus étrange encore. Voici ce qui se passe généralement.

Même si vous appréciez les douches froides plus que les douches chaudes, vous remarquez qu'il existe encore une espèce de résistance intérieure qui se manifeste juste avant de prendre votre douche froide. C'est une expérience assez déroutante, car c'est un peu comme s'il y avait deux « vous ». Une version de vous semble apprécier les douches froides et veut atteindre une meilleure qualité de vie en relevant des défis et en prenant des responsabilités saines. Ce « vous » est vivifiant et inspirant. L'autre version semble détester les douches froides pour des raisons qui ne sont pas immédiatement évidentes ou rationnelles.

Grâce à vos expériences répétées, vous savez que vous appréciez les douches froides. Mais alors pourquoi y aurait-il une résistance avant de les prendre ? Et pourquoi cette résistance semble-t-elle disparaître dès que l'eau froide entre en contact avec votre peau ? Non seulement cette résistance disparaît, mais pour beaucoup de personnes, elle est aussi remplacée par une pleine conscience vive et un certain plaisir.

Qu'est-ce qui peut bien créer cette résistante ? Là est la question !

C'est la question la plus importante que vous puissiez vous poser, car lorsque vous avez exploré cette question et réalisé la réponse dans votre propre corps, vous avez révélé la force intérieure qui vous a retenu. Vous avez donc découvert la raison de votre ignorance, et de votre souffrance. Vous avez identifié ce que tous les véritables sages réalisent. Et une fois cette force transcendée, vous trouvez l'harmonie intérieure.

Pouvez-vous définir la nature de l'Imposteur ? Savez-vous ce que c'est ?

Transformer l'Imposteur

Il y a fort longtemps, les gens cherchaient à exorciser les mauvais esprits. Cela peut sembler une idée tentante, vous pourriez vous débarrasser de l'Imposteur de cette façon. Cependant, je pense que cette approche ne serait pas productive. En effet, retirer l'Imposteur reviendrait à retirer la moitié de votre cerveau. Plutôt que le retirer, il vaut mieux le transformer et faire de cette partie querelleuse de votre être votre plus grande alliée au service de l'amélioration de votre vie, ce qui est le rôle qu'elle devrait avoir.

La prochaine fois que vous entrez dans la douche, tenez-vous sous le pommeau de douche avec l'intention d'ouvrir le robinet d'eau la plus froide possible, tout en étant attentif au moindre signe de l'Imposteur. Soyez attentif aux tensions, à l'hésitation, l'anxiété ou tout autre sentiment négatif. Observez tout sentiment d'anxiété, même léger. Les sensations peuvent être aussi simples qu'une tension dans la respiration, une sorte de position ou même la prise d'une respiration préparatoire. Tous ces signes peuvent provenir de l'Imposteur qui crée l'illusion que la douche froide va être désagréable, même si vous savez pertinemment que ce n'est pas le cas.

Une fois que vous remarquez les signes de l'Imposteur, essayer de trouver où ces signes se concentrent dans le corps. La plupart des gens remarquent qu'ils se situent au milieu du diaphragme, un muscle qui contrôle votre respiration. Il se situe juste en dessous du sternum et sous la cage thoracique à l'avant de votre corps.

Toujours, en regardant votre pommeau de douche, prêt à ouvrir le robinet d'eau froide, observez la sensation et essayez de la localiser en touchant du doigt l'endroit d'où elle semble venir. Une fois localisée, ouvrez le robinet d'eau avec l'objectif d'affaiblir et d'éliminer l'anxiété, la peur et la négativité. Restez sous le jet de douche jusqu'à ce que votre anxiété ait disparu, pour la plupart des gens cela se produit pratiquement immédiatement. Fermez le robinet et restez là 15 à 20 secondes.

Ensuite, regardez de nouveau le pommeau de douche avec l'intention ferme de reproduire le même processus encore une fois. Notez si vous ressentez une hésitation ou de l'anxiété. Si oui, posez le doigt là où vous la ressentez dans votre corps. Immédiatement après avoir posé le doigt dessus, ouvrez le robinet d'eau froide. Relâchez toute résistance jusqu'à avoir un grand sourire sur le visage. Répétez ce processus jusqu'à ce que toute hésitation ait disparu.

Par mesure de sécurité, si vous remarquez des frissons ou tout autre signe d'hypothermie listés dans le chapitre 17, même si vous hésitez encore, arrêtez-vous pour ce jour-là, mais soyez déterminé à répéter ce processus le lendemain.

Le lendemain, lors de votre douche froide, suivez le protocole « Une Respiration » présenté dans le chapitre 14. L'idée de base est que vous ne prenez aucune mesure préparatoire autre que la méditation et le retrait de vos vêtements. Le temps d'une inspiration, entrez sous la douche et placez-vous sous l'eau froide, sans ressentir la moindre tension.

En avançant, chaque jour vous serez un peu moins attaché au pouvoir négatif de l'Imposteur et votre vie commencera à s'améliorer de manière significative. Assurez-vous de ne pas développer un regard négatif sur l'Imposteur. En effet, la condamnation est une attitude de l'Imposteur. Si la réprobation vous motive, soyez conscient que vous avez été dupé à nouveau. Cependant, ne vous blâmez pas, car ce sentiment ne vous aidera pas, et c'est un autre signe de l'Imposteur. C'est un génie lorsqu'il s'agit de manigances, vous ne serez pas en mesure d'être plus malin que lui. Rien ne vous empêche d'essayer. Je le sais, car j'ai essayé moi aussi à de nombreuses reprises.

Affaiblissez toute la négativité que vous ressentez, retournez en conscience sphérique et continuez avec un doux sourire. Voilà comment y parvenir.

Chapitre 21

L'incarnation au quotidien

Nous sommes parfois tellement encombrés, physiquement, émotionnellement et mentalement que nous ne savons tout simplement pas par où commencer pour nous corriger. En observant tous les aspects de nos vies en déséquilibre, nous pouvons nous sentir dépassés, particulièrement en pensant au temps requis pour apporter les corrections nécessaires. Cette vue d'ensemble n'est sans doute pas très encourageante. La bonne nouvelle c'est que vous n'avez pas à corriger l'ensemble de votre vie. Contentez-vous de faire les choses bien aujourd'hui, en vous appuyant sur quatre principes fondamentaux : ce qui est nécessaire, ce qui est utile, ce qui est stimulant et ce qui a du sens.

Comme vous l'avez probablement remarqué, le manque de conscience vous rend vulnérable aux envies irrépressibles et aux compulsions. La conscience quant à elle, vous met sur la voie de ce qui est nécessaire, utile, stimulant et de ce qui a du sens, selon vos propres définitions. La clé pour incarner la conscience au quotidien ne réside pas dans la correction de l'ensemble de votre vie aujourd'hui même, mais plutôt dans ce qu'il faut faire maintenant. Si vous choisissez de vous diriger vers ce qui est en phase avec ces grandes lignes directrices, alors vous faites des progrès. Bien sûr, au cours de votre progression, vos définitions de ces quatre critères commenceront à se parfaire en même temps que la conscience augmentera dans votre vie. Avec de l'expérience, vous commencerez à remarquer ue les choses qui vous semblaient stimulantes, significatives, utiles et nécessairesne correspondent plus à ces critères. Il est naturel que vos critères s'affinent, cela fait partie du processus vers la conscience. Plus vos critères s'affinent, plus votre conscience augmente.

Pour réussir votre journée, vous devez saisir le bon moment, ce qui nécessite une certaine prise de conscience. Ce chapitre vous propose un modèle de base pour vous aider à réussir plus de moments, ce qui vous aidera ensuite à guider votre journée dans la bonne voie, selon vos propres définitions.

Réveillez-vous !

Lorsque vous vous réveillez le matin, avez-vous les idées claires ou êtes-vous dans un brouillard mental ? Sortez-vous immédiatement de votre lit ou appuyez-vous sur le bouton snooze en espérant quelques minutes de sommeil de plus ? Nous sommes nombreux à repousser le réveil et à être ensuite quelque peu hébétés dans l'heure qui suit notre réveil. Cette tendance est tout à fait compréhensible vu notre mode de vie.

Si vous étiez un samouraï, cet état prolongé d'esprit embrumé serait-il acceptable ? Si vous étiez un chasseur-cueilleur, cet état serait-il une bonne chose pour votre survie et celle de votre tribu ? J'espère que vous avez répondu « non » à ces questions.

Nous savons instinctivement que repousser notre réveil et être dans un brouillard matinal ne sont pas compatible avec une vie proche de la nature. En réfléchissant un peu à notre état d'hébétude, nous pouvons facilement voir qu'il résulte du fait de l'isolation des pressions de la nature. Tout animal qui suivrait un modèle si déconnecté et inconscient serait probablement incapable de survivre assez longtemps pour pouvoir se reproduire.

Les êtres humains modernes sont le résultat de milliards d'années d'évolution, de continuation de gènes qui ont survécu aux pressions de la vie assez longtemps pour réussir à procréer. Le fait que vous soyez en vie semble le résultat de la plus incroyable des loteries jamais jouées.

Le scientifique Dr Ali Binazir a mené une réflexion qui révèle des points amusants sur les probabilités d'exister aujourd'hui (Spector). Même s'il n'y a aucun moyen d'être certain des chiffres qu'il annonce, l'expérience devrait vous faire prendre votre vie un peu moins pour acquise. Dr Binazir commence par supposer que la probabilité que vos parents se rencontrent était d'une sur 20 000. 20 000 étant à peu près le nombre de femmes rencontrées par un homme moyen en 25 ans. La supposition suivante est qu'après leur rencontre, vos parents se sont engagés assez longtemps l'un vis-à-vis de l'autre pour vous avoir, une probabilité que le Dr Binazir estime à une sur 2000. En combinant ces deux calculs, nos chances d'exister passent alors à une sur 40 millions, ce qui est une faible probabilité, mais il pousse les estimations plus loin encore.

Dr Binazir estime ensuite qu'une femme a environ 100 000 œufs en moyenne, et un homme produit environ quatre billions de spermatozoïdes. Il calcule que l'exact spermatozoïde rencontrant l'exact ovule nécessaire à vous produire représente une probabilité d'un sur quatre quadrillions, soit 4 000 000 000 000 000.

En se référant à ce chiffre, il semblerait que votre existence soit un véritable miracle. Néanmoins, ce chiffre est encore trop petit puisqu'il ne prend en compte que la rencontre de vos parents et leur accouplement. Il omet quatre milliards d'années d'évolution des générations qui vous ont précédé, aussi loin que le premier organisme unicellulaire, qui avait tous de très faibles probabilités de transmettre le matériel génétique unique nécessaire à votre naissance.

Vous pouvez être en désaccord avec ces estimations. Vous pensez peut-être que les chances que vos parents se rencontrent doivent être divisées en deux (passant ainsi à 10 000) et leur probabilité de procréer divisée en deux également (1 000). Mais même en réduisant les chiffres de moitié, les chances que vous existiez resteraient environ d'une sur 100 millions. Et ce en prenant en considération seulement une génération.

Pour avoir une vue globale, nous devons aussi étudier les quatre milliards d'années d'évolution durant lesquelles les mêmes probabilités ont affecté les chances d'existence de chacune des générations qui ont mené à votre naissance. L'estimation finale du Dr Binazir est de 1 sur 10 puissance 2 685 000. C'est un nombre qui dépasse de loin le nombre total d'atomes estimés dans l'ensemble de l'univers (estimé à 10 puissance 80).

Mais quel est le rapport entre les probabilités de votre naissance et le fait de se réveiller dans un état de confusion ? Votre existence même est déterminée par la capacité de toutes les générations qui vous ont précédé à se réveiller en ayant l'esprit clair, jusqu'à notre monde moderne. Se réveiller avec l'esprit vif est une priorité génétique pour la survie. Lorsque vous vous réveillez dans un état d'hébétude, vous ressentez inévitablement plus d'anxiété, de frustration et de faiblesse tout au long de la journée, car le système nerveux est en total décalage. Il sait instinctivement qu'être dans un brouillard prolongé est un suicide génétique.

La question est la suivante : comment faire pour se réveiller l'esprit vif, prêt à faire face aux potentiels assassins dans la pièce, ou à la tâche de réveiller les enfants et de faire en sorte qu'ils soient prêts à l'heure de façon harmonieuse, ou encore de gérer cette réunion de travail au mieux ? Voici la réponse : il faut une motivation puissante pour se lever immédiatement après le réveil.

Prenez l'exemple d'un écureuil, s'il avait la possibilité de faire la grasse matinée tous les jours en ayant quand même assez de nourriture, il y a de fortes chances pour qu'il prolonge son sommeil.

En ce qui concerne les autres animaux, la nature fournit la motivation nécessaire à l'éveil. Si vous viviez dans un abri en ruine au milieu de la forêt, vous vous réveilleriez avec l'esprit vif, comme le ferait un écureuil.

Parce que vous ne pouvez pas compter sur les phénomènes naturels pour vous réveiller, vous devez trouver cette motivation vous-mêmes. Pensez à un moment dans votre vie où vous êtes sorti du lit l'esprit vif. Il a de fortes chances pour qu'au moment de votre réveil, vous vous soyez rappelé que vous aviez quelque chose d'important à faire immédiatement. Heureusement, pour vous réveiller en pleine forme et à l'heure, vous pouvez utiliser votre instinct.

Voici un jeu qui vous aidera à vous réveiller à la façon d'un samouraï. Avant d'aller dormir, ayez l'intention d'imaginer le scénario suivant dès votre réveil : un inconnu se trouve dans la pièce et vous devez vous lever immédiatement afin de vous protéger, vous et votre famille.

Plus votre intention avant de dormir sera précise et appuyée, plus elle émergera avec force au moment de votre réveil.

Lors de vos premiers essais, vous ne vous souviendrez peut-être pas de ce scénario au réveil. Mais après avoir imaginé de manière ferme quelques soirs d'affilée, vous finirez par vous en souvenir une fois le matin venu.

Si l'idée d'imaginer un inconnu chez vous vous dérange, utilisez d'autres méthodes. L'idée de base est de créer une sorte de structure dans votre vie qui vous pousse à sortir du lit au réveil ; un plan d'action détaillé pour la première heure de votre journée. Personnellement, je trouve qu'enseigner la méditation guidée MIT chaque matin en ligne est une motivation puissante pour un réveil rapide. En tant qu'auteur, je décide de mon propre emploi du temps. Si je n'avais pas un tel engagement à tenir, il serait facile de se lever à l'heure de mon choix, ce qui affecterait négativement ma santé et ma conscience, mais aussi la qualité générale de ma journée.

En absence de l'instinct de survie face à la nature, nous devons avoir un objectif puissant pour nous lever chaque matin. Si vous n'en avez pas un naturellement, vous devez en construire un. Une fois que vous aurez pris l'habitude de vous réveiller tôt et vif d'esprit, une habitude qui peut demander plusieurs semaines avant d'être intégrée, vous vous sentirez mieux dans votre corps tout au long de la journée. Vous serez en meilleure santé, et vous dormirez probablement mieux la nuit, ce qui vous aidera à vous réveiller en ayant les idées claires et en étant prêt pour vos activités.

Si tout échoue, vous pouvez déplacer votre réveil afin qu'il soit hors de portée de main. Vous devrez alors sortir du lit pour l'éteindre. Si l'option du bouton snooze est accessible, elle peut être trop tentante pour vous à ce stade-là.

La salle de bain

Une fois hors du lit, ne vous donnez pas l'occasion d'y retourner. Au lieu de ça, dirigez-vous directement vers les toilettes pour vider votre vessie, puis vers la salle de bain pour retrouver votre professeur de méditation : le froid.

Une fois que vous avez fini d'uriner, ouvrez une fenêtre pour laisser entrer l'air frais. En état de méditation, ressentez et sentez la fraîcheur de l'air. Observez le monde autour de vous.

Si vous voulez vous exercer aux sons primaires, mieux vaut fermer votre fenêtre pour ne pas déranger vos voisins si vous en avez.

Prenez votre douche froide ou votre bain froid en pleine méditation. Souriez.

Sortir de la salle de bain

Quittez la salle de bain en conscience sphérique. Ressentez votre maison et utilisez votre vision à rayon X.

Déplacez-vous silencieusement en pleine conscience, comme si vous étiez à la recherche d'un intrus. Essayez de savoir où se trouvent les membres de votre famille et ce qu'ils font avant de les voir. Rendez cet exercice amusant.

Si vous êtes un adepte de café ou de thé, essayez de ne pas fixer votre boisson lors de sa préparation, c'est une perte de temps. Prêtez plutôt attention à l'ensemble de l'espace autour de vous en faisant quelque chose de productif.

Pensez à vous sevrer de la caféine afin de ne plus être dépendant d'une substance pour vous réveiller. J'aime le café moi aussi.

La journée

Pratiquez vos activités quotidiennes en étant attentif aux rappels que vous avez fixés. Chaque fois que vous vous rappelez spontanément de méditer ou que vous remarquez un rappel, assurez-vous d'entrer en conscience sphérique, ne serait-ce qu'une minute.

Chaque fois que vous entrez en conscience sphérique, essayez de réduire au maximum les efforts que la transition requiert et essayez de maintenir cet état le plus longtemps possible.

Tout au long de votre journée, soyez attentif à la présence de l'Imposteur qui justifie, retarde, évite, critique et blâme. Aussitôt que vous remarquez cette énergie, faites l'effort d'adoucir votre espace intérieur et retournez à la conscience sphérique.

Aller dormir

Avant de vous mettre au lit, faites un compte rendu de votre journée. Quels genres d'envies et de compulsions avez-vous ressentis ? Y avez-vous cédé ? Qu'avez-vous fait de stimulant sans forcément être significatif ? Avez-vous pris part à des habitudes inutiles ou à des conforts distrayants ? De telles activités ne trouvent pas leur source dans la conscience.

Avant de vous endormir, établissez un plan pour faire plus d'activités stimulantes, significatives, utiles et nécessaires selon vos propres définitions et moins de conforts obsessionnels. Il y a un temps pour le confort. Dans la mesure du raisonnable, le confort est nécessaire et significatif, mais il ne doit pas être le maître de votre vie.

Avez-vous atteint les objectifs que vous vous étiez fixés ? Posez-vous cette question sans honte ni culpabilité, car ces énergies ne trouvent pas leur source dans la conscience, par conséquent, elles ne serviront pas votre objectif bienveillant visant à améliorer votre vie.

Après avoir réfléchi au déroulement de votre journée, fixez-vous l'objectif de vous réveiller l'esprit clair et de passer un peu plus de temps en pleine conscience. Enfin, continuez à apprécier votre entraînement et à vous amuser. Faites de ce processus une aventure. Ne prenez rien trop au sérieux.

Chapitre 22

La transformation

Une chose étrange se produit lorsque nous testons la stabilité de notre pratique méditative sous pression, comme nous le faisons avec l'entraînement MIT par exemple. Au départ, les défis fixés paraissent impossibles, mais avec de la persévérance, nous réalisons que notre qualité de vie commence à s'améliorer. Nous avons alors plus d'énergie, plus de motivation, et nous parvenons à faire plus de choses au cours de la journée. Pour faire simple, nous nous sentons mieux et cette énergie positive semble irradier et déteindre sur le monde qui nous entoure.

Avec une pratique régulière sur une période de quelques mois, la plupart des pratiquants réalisent qu'ils peuvent facilement produire tous les sons primaires sans hésitation notable : A, I, U, E, O, M et N. À ce stade-là, la plupart des gens apprécient les douches froides, à tel point qu'elles se lavent le corps pendant ces douches froides, n'utilisant l'eau chaude que pour se laver les cheveux.

Généralement, après un mois de douches froides, beaucoup sont prêts à commencer à tester la méditation par la conscience visuelle sous la douche puis la conscience sphérique. Enfin, ils remarquent l'Imposteur et commencent à travailler à affaiblir et à se débarrasser de la peur qui alimente cette force intérieure.

En pratiquant régulièrement, vous serez rapidement capable de méditer où que vous soyez avec une relative facilitée ; vous réaliserez que vous pouvez méditer en marchant, en courant ou en effectuant toute autre activité intense. La conscience devient partie intégrante de votre vie quotidienne. Mais surtout, vous pourrez vous réveiller et vous endormir le soir avec le sourire aux lèvres, car vous vous sentirez profondément bien.

Durant votre processus d'entraînement, vous remarquerez probablement que vous avez tendance à ne plus remettre les choses au lendemain, car vous aurez observé que chaque fois que vous évitez de faire quelque chose de nécessaire, vous accumulez une espèce de dette psychologique et cette dette vous pèse. En notant le prix à payer de repousser vos responsabilités, vous commencez à vous occuper des choses immédiatement sans les remettre au lendemain, et cela vous libère l'esprit.

L'esprit débarrassé de cette dette mentale, vous avez alors accès à plus d'énergie et de motivation, ce qui vous amène naturellement à faire face aux peurs, aux traumatismes et aux blocages qui vous freinaient jusqu'alors. En affaiblissant ces peurs et ces blocages, vous êtes naturellement attiré par l'idée d'assumer des responsabilités de plus en plus grandes, simplement parce que cela vous apporte plus de bien-être.

Avec l'expérience, vous remarquerez également que vous ne tombez plus aussi souvent dans les pièges des envies et des compulsions. Vous observez que vous êtes plus susceptible d'être honnête avec vous-même et les autres. Vous êtes moins enclin à vous soumettre aux autres dans l'espoir de plaire ni de les dominer afin de vous sentir puissant. Lorsque notre énergie se renforce, la clarté intérieure émerge et l'anxiété diminue.

Avec une pratique régulière, sincère et ludique, vous noterez que les autres personnes vous traitent différemment. De nouvelles opportunités pourront s'offrir à vous, car les autres décèleront chez vous des qualités admirables. Certains vous diront qu'ils aimeraient être comme vous, et d'autres pourraient même solliciter vos conseils pour améliorer leur vie.

Une assurance naturelle émergera. Cette assurance n'a rien à voir avec l'identité ni avec ce que les autres pensent de vous ; ce type d'assurance là est la marque des personnalités toxiques.

Naturellement, des individus essaieront de vous empêcher de progresser, afin que vous continuiez à être la personne sur qui ils avaient un certain pouvoir. D'autres encore s'éloigneront de vous. Vous pouvez choisir de les laisser faire sans rancune envers elles, ou de vous accrocher en prétendant que vous êtes toujours la même personne sur qui elles avaient du pouvoir. C'est votre vie, à vous de choisir. Cela dit, une fois que vous aurez la conscience nécessaire pour voir clairement la nature de l'Imposteur, vous choisirez certainement de vous diriger vers ce qui vous apporte une meilleure santé, sans tenir compte de ce que les autres pensent ou attendent de vous. Ce qui signifie que vous serez libéré de leurs mécanismes de contrôle.

En persévérant dans vos efforts, vous aurez le sentiment d'être une personne différente, transformée par votre entraînement MIT quotidien. À ce stade, vous comprendrez pourquoi l'ancienne version de vous se sentait si impuissante et faible, mais vous ne vous sentirez plus ainsi. D'autre part, vous regarderez les autres et serez capables de voir en eux ce qui vous freinait au quotidien : l'Imposteur.

Même si, après un entraînement sincère sur le long terme, l'Imposteur est toujours présent, vous remarquerez qu'il est affaibli, qu'il oppose une résistance considérablement plus faible qu'avant le début de votre entraînement MIT. Parce que vous ressentez moins de résistance et de chaos intérieurs, la vie vous semble plus facile au jour le jour. Les améliorations que vous observez vous aideront à continuer votre cheminement dans la conscience indépendamment des circonstances extérieures de la vie. À un certain moment, vous réaliserez qu'il serait impensable de retourner à la vie que vous meniez avant l'entraînement MIT, car ce mode de vie ne vous intéresse plus.

Si vous poursuivez votre entraînement, en un an ou deux, votre vie sera probablement transformée positivement, pas seulement parce que les circonstances extérieures auront changé pour le meilleur, mais parce que de l'abondance de votre cœur, quelque chose de beau et sain se répandra dans le monde. Et tout cela se sera produit, car vous avez décidé de stimuler votre conscience méditative par les douches froides et la pratique quotidienne.

Souvenez-vous, si vous mettez en application les outils présentés dans ce livre pour transcender les résistances que vous rencontrez dans la vie quotidienne, rien ne pourra vous arrêter, car vous aurez déjà effectué une partie du chemin pour relever le plus grand de vos défis, la guerre intérieure. Il n'existe aucun défi plus important que celui-là.

Continuez votre entraînement !

Votre ami en conscience,
Richard L. Haight
10 juin 2020

Références rapides

Équilibrer les hémisphères du cerveau grâce à la neuroplasticité (Chapitre 1)

Quoique vous soyez capable de faire avec votre main dominante, entraînez-vous à le faire avec votre main non dominante en ayant l'objectif d'égaliser vos capacités de la main droite et de la main gauche. De très bons exercices : écrire, dessiner, manger, se brosser les dents, se brosser les cheveux, porter des choses, lancer, frapper une balle, le bowling, etc.

La respiration vagale (Chapitre 2)

1. Asseyez-vous de manière à être en sécurité en cas d'évanouissement.
2. Prenez une grande inspiration puis retenez votre souffle en contractant l'ensemble de votre corps. Assurez-vous de contracter également le visage légèrement. Retenez votre souffle tout en maintenant cette tension.
3. Il vous semble que vos poumons sont pleins, cependant ce n'est pas vraiment le cas. Sans expirer l'air dans vos poumons, inspirez de nouveau pour remplir vos poumons.
4. Retenez cet air en maintenant une certaine tension physique aussi longtemps que possible.
5. Lorsque vous ne pouvez plus retenir votre souffle, expirez lentement et détendez votre corps. Reprenez une respiration normale.

Sentir les sons primaires (Chapitre 5)

1. Asseyez-vous ou tenez-vous debout, confortablement.
2. Détendez votre corps et déconcentrez votre esprit en ressentant l'ensemble de votre corps.
3. Commencez à vocaliser « Ah » en ressentant les vibrations dans votre corps pendant quelques secondes. Notez la forme et la direction du trajet des vibrations.
4. Passez au son « Ee » pendant quelques secondes et notez le changement vibratoire de la forme de ce son comparé au son « Ah ». Notez également la direction du son.
5. Continuez et changez le son en « Eu » brièvement. Ressentez et notez la forme et la direction que prend le son en comparaison avec le son « Ee ».
6. Passez ensuite au son « Eh » et notez le changement, la forme et la propagation du son.
7. Changez le son en « Oh » et ressentez ses caractéristiques.
8. Effectuez le son « Mmm » et constatez sa nature.
9. Enfin, produisez le son « Nnn » et ressentez ses caractéristiques.
10. Produisez l'ensemble des sons primaires l'espace d'une seule et même respiration en ressentant les différences entre chacun d'entre eux ; « Ah », « Ee », « Eu », « Eh », « Oh », « Mmm », et « Nnn ».

La sensibilité aux sons (Chapitre 6)

Effectuez tous les sons « Ah », « Ee », « Eu », « Eh », « Oh », « Mmm », et « Nnn » tout en ressentant l'ensemble du corps. Notez quels sons vous semblent les plus agréables et les moins agréables.

La thérapie sonore (Chapitre 6)

1. Essayez chacun des sons primaires en ressentant la réponse du corps ; « Ah », « Ee », « Eu », « Eh », « Oh », « Mmm », et « Nnn ».
2. Le son qui sera thérapeutique à ce moment précis vous semblera bon ou satisfaisant pour le corps d'une certaine manière.
3. Pratiquez le son qui vous procure la sensation la plus positive pendant 5 à 10 minutes.

La respiration de feu (Chapitre 8)

- À utiliser au début de la douche froide pour reprendre le contrôle de votre respiration.
- Guidez intentionnellement votre respiration convulsive de façon à en faire des inspirations et expirations profondes, pleines et rapides.

Tester le pouvoir des douches froides (Chapitre 8)

1. Attendez de vous sentir d'humeur négative ou émotive.
2. Dirigez-vous vers votre salle de bain, retirez vos vêtements et entrez sous un jet d'eau aussi froid que possible avec l'intention que le choc du contact de l'eau vous débarrasse de toute négativité.
3. Tenez-vous complètement sous le flux d'eau pendant au moins une minute en utilisant la respiration de feu.
4. Dirigez le jet d'eau vers le visage, sur la tête, la poitrine et les dos ; les parties qui vous causeront les plus grandes difficultés en matière de respiration.
5. N'essayez pas d'échapper au jet d'eau.
6. Après avoir repris le contrôle de votre respiration, cherchez à vous détendre.
7. Libérez-vous intentionnellement de la négativité par le biais de votre respiration.
8. Au bout d'une minute, fermez le robinet, sortez de la douche et séchez-vous.
9. Constatez comment vous vous sentez.

La première douche d'entraînement (Chapitre 8)

1. Avant votre entraînement à la douche froide, programmez 10 minutes sur votre minuteur pour vous rappeler de sortir de la douche.
2. Pour tirer le maximum de bienfaits de la douche froide, prenez-la le matin au réveil, juste après être allé aux toilettes.
3. En ayant le moins de pensées possible, retirez vos vêtements, entrez dans la douche et placez-vous sous le pommeau de douche.
4. Ouvrez votre robinet au maximum, dans la position la plus froide possible.

5. Soyez attentif au moindre tressaillement, ou à la moindre instabilité de votre respiration.

6. Durant cette première minute, utilisez la respiration de feu pour reprendre le contrôle de votre respiration, tout en dirigeant le jet d'eau sur les parties qui provoquent le plus de tensions respiratoires.

7. Une fois la première minute passée, restez sous la douche froide aussi longtemps que possible, sans dépasser les 10 minutes.

L'approche graduelle (Chapitre 8)

1. Commencez par diriger le jet d'eau vers vos pieds, puis graduellement vers vos jambes, votre entre-jambes, puis le bas de votre abdomen. Vous pouvez aussi diriger le jet d'eau vers vos bras avant de finalement passer au torse, au visage, la tête, les épaules puis le long du dos.

2. Prenez note mentalement du temps que vous avez passé sous l'eau froide et, si vous êtes parvenu à réguler votre respiration, combien de temps cela vous a pris.

3. Une fois votre douche terminée, séchez-vous immédiatement.

La méthode du lavabo (Chapitre 8)

1. Placez votre tête sous le robinet du lavabo et ouvrez le robinet d'eau froide.

2. Utilisez votre main pour diriger le jet d'eau vers votre visage et votre cou.

3. Continuez l'opération au moins une minute.

4. Après avoir fait couler l'eau froide sur la tête, le visage et le cou, faites-la couler sur vos bras.

5. Une fois fini, maintenez votre tête au-dessus du lavabo pendant quelques minutes pour laisser l'eau tomber goutte à goutte en étant exposé à l'air libre de la pièce.

6. Observez votre respiration. Vous observerez peut-être que vous avez de temps en temps des libérations de souffle, dans lesquelles votre corps aspire naturellement une grande respiration et la libère de manière revigorante.

7. Séchez-vous et reprenez le cours de votre journée.

Le syndrome de Raynaud et les douches froides (Chapitre 9)

1. Prenez des douches froides en vous tenant debout dans un bain chaud ou tiède.
2. Dès que votre douche est terminée, plongez-vous dans votre bain chaud pour élever votre température, ce qui permettra au sang d'atteindre les zones affectées par le syndrome.

Dans les cas extrêmes :

1. Commencez par remplir la baignoire d'eau chaude et immergez-vous jusqu'à ce que votre corps ait emmagasiné assez de chaleur.
2. Une fois que votre corps a fait le plein de chaleur, levez-vous dans l'eau chaude et commencez votre douche froide. De cette manière, vous aurez l'impression que le froid n'est pas si choquant, car votre corps irradie de chaleur.
3. Une fois votre douche froide terminée, si vous remarquez des signes du syndrome de Raynaud, couchez-vous dans votre bain pour vous réchauffer.

Les autres troubles (Chapitre 9)

1. En utilisant votre lavabo ou un seau d'eau froide, mouillez un gant de toilette et utilisez-le pour passer de l'eau froide sur toutes les parties accessibles de votre corps.
2. Remouillez-le constamment pour maintenir la température froide.
3. Une fois que vous avez mouillé votre corps, séchez-vous à l'air libre. S'il en résulte des symptômes du syndrome de Raynaud, cela signifie que vous devez éviter de vous laisser sécher à l'air libre.
4. Durant cette étape de séchage à l'air libre vous remarquerez probablement des frissonnements et une constriction des tétons. C'est normal.
5. Si vous avez d'autres symptômes d'hypothermie, assurez-vous de vous sécher avec une serviette et de vous rhabiller.

Évaluer vos progrès grâce aux sons primaires (Chapitre 10)

1. Juste avant d'entrer dans la douche, prenez une grande inspiration et commencez à vocaliser le son primaire « Ah », pour avoir une base de référence en termes de stabilité du son lorsque vous n'êtes pas sous pression.
2. Assurez-vous d'ouvrir la bouche assez grande pour que le son résonne suffisamment, mais pas fort au point de déranger les membres de votre famille.
3. Continuez à chanter le son jusqu'à ce que vos poumons soient vides.
4. Lorsque vous avez votre base de référence de son primaire, entrez dans la douche, prenez une grande inspiration et commencez à produire votre son.
5. Ouvrez immédiatement le robinet d'eau et laissez l'eau couler sur votre tête, votre poitrine, votre dos et particulièrement les zones qui vous demandent le plus d'efforts.
6. Soyez attentif à tout tremblement dans le son primaire.
7. Chaque jour, essayez de faire les mêmes sons longs et pleins dans la douche froide que ceux que vous faisiez avant de prendre la douche froide.
8. Remarquez que toute contraction des poumons peut facilement être entendue et ressentie lorsque vous chantez.
9. Lorsque vous êtes capable de produire un son « Ah » de façon parfaite, le prochain défi consiste à essayer le son « Oh ».
10. Une fois que vous parvenez à produire un son « Oh » solide, passez au son « Mmm » pour voir comment vous vous en sortez.
11. Une fois le son « Mmm » maîtrisé, essayez le son « Eh », le « Eu » puis le son « Ee » pour savoir quel sera votre prochain défi. N'oubliez pas le son « Nnn ».

Apprendre la relation entre le niveau d'énergie et la résistance (Chapitre 11)

1. Prenez votre douche froide à un moment de la journée où votre énergie est à son pic.
2. Notez le degré de résistance mentale et psychologique que vous ressentez avant d'ouvrir le robinet d'eau froide lorsque votre énergie est à son plus haut niveau.

3. Notez le degré d'inconfort que vous ressentez dans la douche et la durée pendant laquelle vous pouvez rester dans l'eau froide par rapport à la première douche du matin.

Expérience : chargez le corps de chaleur (Chapitre 11)

1. Dès votre réveil, levez-vous, dirigez-vous vers la salle de bain, remplissez la baignoire d'eau chaude à votre convenance.
2. Passez aux toilettes, puis lorsque la baignoire est pleine, retirez vos vêtements et entrez dans votre bain.
3. Restez dans l'eau chaude cinq à dix minutes afin de réchauffer la température interne du corps.
4. Une fois que votre corps est chargé de chaleur, videz l'eau, levez-vous et placez-vous sous le pommeau de douche.
5. Ouvrez le robinet d'eau froide dans la position la plus froide possible, et observez comment votre corps réagit au froid comparé aux fois où vous n'avez pas chargé votre corps de chaleur.

Transcender les dialogues internes de résistance (Chapitre 11)

1. Remarquez lorsque la résistance apparaît et observez le discours mental qui l'accompagne.
2. Notez qu'une force intérieure a pour objectif de faire ce qui est sain et une autre force intérieure semble vouloir éviter tout inconfort.
3. Constatez quelles forces prédisent nos actions et inactions, car ces forces représentent nos schémas les plus profondément ancrés. Et beaucoup d'entre eux doivent être affaiblis si nous souhaitons réellement progresser.
4. Soutenez les forces intérieures saines en allant systématiquement au bout de vos objectifs sains.

Guider votre parcours à travers les dialogues internes de résistance (Chapitre 12)

1. Lorsque vous remarquez des dialogues intérieurs de résistance aux douches froides, soyez attentif et essayez de déterminer s'il s'agit de votre voix. Si vous avez l'impression que c'est votre voix, cela signifie que vous vous êtes identifié à vos pensées et émotions. Vous pensez être vos pensées et vos émotions.

2. Faites une pause, détendez-vous et défocalisez totalement votre cerveau.

3. Lorsque vous êtes détendu et avez pris du recul mentalement, essayez d'utiliser la méthode du lavabo apprise au chapitre 8.

4. Vous remarquerez sans doute que vous êtes tout à fait capable d'utiliser cette méthode, car elle représente un niveau de difficulté inférieur à celui de la douche froide que la force intérieure de résistance mettait tant d'énergie à éviter.

5. Une fois que votre nerf vague est stimulé grâce à la méthode du lavabo, envisagez de nouveau la douche froide. Seriez-vous prêt à vous mouiller les pieds ? Il y a de fortes chances pour la réponse soit « oui ».

6. Entrez dans la douche et mouillez vos pieds sans penser à ce qu'il se passera après cette étape.

7. Maintenez l'eau froide au niveau de vos pieds pendant un temps, puis demandez-vous si vous pourriez essayer de diriger l'eau froide sur le bas de vos jambes. Vous vous rendrez compte que vous en êtes capable.

8. Maintenant, essayez le haut de vos jambes.

9. Continuez jusqu'à ce que vous arriviez enfin à un endroit où vous n'êtes tout simplement pas prêt à aller plus loin. Si vous vous heurtez à un blocage infranchissable, sortez de la douche et arrêtez-vous là pour aujourd'hui.

10. Le lendemain, recommencez ce même processus et voyez jusqu'où vous pouvez aller. Il y a de fortes chances pour qu'au bout d'une à deux semaines, vous soyez capable de prendre une douche froide complète sans ressentir autant de résistance.

11. L'étape suivante dans la lutte contre les forces intérieures négatives consiste à voir si vous pouvez maintenant entrer directement sous la douche et accélérer le processus de l'exposition à l'eau froide en adoptant une progression fluide plutôt qu'étape par étape.

12. En vous entraînant régulièrement un certain nombre de jours ou de semaines, vous n'aurez pas besoin de plus de 10 à 20 secondes pour passer du jet d'eau sur les pieds à la tête.

13. À ce stade, la prochaine étape est de savoir combien de temps vous pouvez rester sous la douche froide.

14. Arrêtez-vous avant que la résistance ne soit trop forte.

15. Enfin, détachez-vous des approches graduelles.

Commencer avec de l'eau tiède (Chapitre 13)

1. Entrez dans la douche avec l'intention d'utiliser de l'eau tiède puis de graduellement passer à de l'eau de plus en plus froide au fur et à mesure que votre corps et votre esprit s'acclimatent aux différentes températures.
2. Après quelques jours, vous serez capable de prendre des douches froides de façon graduelle.

Guider votre parcours à travers la nervosité (Chapitre 13)

1. Soyez attentifs aux moments où votre corps ne semble pas vouloir faire face à la douche.
2. Remarquez les sentiments d'évitement comme vouloir retourner au lit par exemple, ou vouloir changer votre routine matinale pour repousser la douche froide.
3. Prenez un moment pour ressentir ce sentiment et apprendre à reconnaître sa présence, puis prenez du recul et méditez jusqu'à atteindre la pleine conscience lucide.
4. Une fois, calme et en pleine conscience, connectez-vous à l'énergie ou la force intérieure qui veut vous voir devenir plus fort, en meilleure santé et plus conscient.
5. Une fois connecté à votre force bienveillante, demandez-vous si le fait de prendre une douche froide est meilleur pour vous que de ne pas en prendre.
6. Si vous êtes connecté à votre bienveillance, dont le but est de réaliser votre plein potentiel, vous différencierez quand c'est votre subconscient qui essaie d'échapper à l'inconfort ou lorsqu'il y a une raison valable de sauter ou repousser la douche ce jour-là.

Appliquer le principe « Une Respiration » (Chapitre 14)

Chaque fois que vous avez une bonne idée ou un plan d'action, dans l'espace d'une respiration, mettez en œuvre une action concrète qui aidera votre idée ou votre plan d'action à voir le jour. Vous pouvez par exemple écrire vos idées dans un carnet de notes.

La méditation par la conscience visuelle (Chapitre 15)

1. Programmez un minuteur sur 15 minutes.
2. Asseyez-vous confortablement, les yeux ouverts, sans forcer.
3. Ne concentrez votre esprit sur rien de particulier et regardez droit devant vous avec l'objectif de voir l'ensemble de votre champ visuel.
4. Pour être sûr de voir l'ensemble du champ visuel, sans bouger les yeux, notez mentalement l'objet ou l'endroit sur le côté droit qui marque la limite de votre champ visuel.
5. Faites la même opération afin de trouver un marqueur pour le côté gauche. Puis trouvez également les points les plus hauts et les plus bas que vous pouvez voir sans bouger les yeux.
6. Restez conscients visuellement de l'ensemble du champ visuel.
7. Détendez l'ensemble de votre corps et plus particulièrement les yeux, les lèvres, la mâchoire, le cou, les épaules, les mains et votre respiration.
8. Constatez les différences entre la vision fovéale (focalisée) et la vision périphérique (défocalisée) et les sensations que chacune d'entre elles provoque dans votre corps. Quels sont, pour vous, les avantages de chacun de ces modes de vision ?
9. Après 15 minutes de méditation par la conscience visuelle en position assise, ajoutez un niveau de difficulté à votre méditation en regardant autour de vous en vision périphérique.
10. Essayez de bouger un bras ou une jambe.
11. Essayez de vous lever puis de vous asseoir à nouveau.
12. Essayez de marcher.

Méditer sous pression (Chapitre 15)

1. Avant de débuter votre entraînement à la douche froide, programmez 10 minutes sur un minuteur pour vous rappeler de sortir de la douche.
2. Avant d'entrer dans la salle de bain, entrez dans un état de méditation grâce à la méditation par la conscience visuelle.
3. Détendez profondément votre corps et votre esprit sans penser à la douche qui va suivre.
4. Si possible, entrez sous la douche sans la moindre pensée concernant l'eau froide.

5. Assurez-vous d'être toujours en état méditatif avant de commencer à prendre votre douche.

6. Essayez de voir si vous pouvez ouvrir le robinet d'eau tout en maintenant votre relaxation physique et mentale.

7. Gardez les yeux en vision périphérique.

8. Si vous trouvez que votre esprit ou votre corps est tendu par l'anticipation lorsque vous regardez le pommeau de douche, alors vous savez que c'est la peur et l'anticipation de l'inconfort qui vous ont fait perdre la conscience primaire.

9. Remarquez ce que fait l'esprit. Pour lutter contre la tension, vous ne pouvez que détendre le corps et défocaliser à nouveau votre esprit, tout en regardant le pommeau de douche.

10. Une fois détendu, commencez à prendre votre douche en dirigeant le jet d'eau froide vers vos pieds en utilisant l'approche graduelle apprise dans le chapitre 8.

11. Chaque fois que vous sentez que votre méditation s'affaiblit ou s'interrompt, éloignez le jet d'eau et retrouvez votre état de méditation avant de revenir au processus graduel.

12. Allez aussi loin que possible en maintenant un état méditatif.

13. Essayez de rester dans un état méditatif en dirigeant le jet d'eau vers votre visage les yeux fermés. Souvenez-vous de vous détendre autant que possible sans que votre esprit soit concentré sur quoi que ce soit.

14. Assurez-vous d'être en conscience alpha (conscience méditative) lorsque vous sortez de la douche.

15. Séchez-vous et habillez-vous en restant en état de méditation.

16. Sortez de la salle de bain et voyez combien de temps vous pouvez vaquer à vos occupations habituelles en pleine conscience.

Méditation par la conscience sphérique (Chapitre 16)

1. En regardant droit devant vous, portez brièvement votre attention sur votre côté gauche sans pour autant regarder dans cette direction.

2. Maintenant, faites la même chose avec le côté droit.

3. Essayez cette fois de porter votre attention à l'espace qui se trouve derrière vous.

4. Faites-le encore une fois dans toutes les directions rapidement, gauche, droite, derrière, devant, au-dessus de vous et au-dessous.

5. Essayez encore, mais en étant détendu cette fois.

6. Voyez combien de temps vous pouvez rester en conscience sphérique en étant détendu.

Entraînement à la conscience sphérique sous pression (Chapitre 16)

1. Avant votre entraînement à la douche froide, programmez un minuteur sur 10 minutes pour vous rappeler de ne pas excéder ce temps.

2. Assurez-vous d'être en conscience sphérique avant d'entrer dans votre bain froid.

3. Voyez si vous pouvez entrer et vous asseoir dans votre bain dans un mouvement fluide unique, sans effort, sans pause ni précipitation.

4. Une fois assis, sans pause ni précipitation, étendez vos jambes de façon à les immerger totalement dans l'eau.

5. Une fois que vos jambes sont mouillées, retenez votre respiration et allongez-vous dans votre bain aussi gracieusement que possible, de façon à immerger totalement votre tête et votre buste.

6. Restez sous l'eau aussi longtemps que vous pouvez retenir votre respiration sans que ce soit inconfortable, en restant en conscience sphérique.

7. Une fois prêt à prendre une inspiration, asseyez-vous et détendez-vous complètement pour atteindre une profonde méditation.

8. En étant assis, la chaleur de votre corps va réchauffer l'eau qui vous entoure directement et cela va créer une sorte de barrière isolante entre vous et l'eau la plus froide. De temps à autre, faites des mouvements avec vos mains et vos jambes pour déplacer l'eau autour de votre corps de façon ressentir l'eau la plus froide possible.

9. Après à peu près une minute assis en méditation, retenez votre souffle et immergez à nouveau la partie supérieure de votre corps avec grâce, jusqu'à ce que vous soyez prêt à expirer.

10. Une fois les 10 minutes atteintes (ou avant si vous ressentez tout signe d'hypothermie), sortez de la baignoire avec grâce en conscience sphérique.

11. Séchez-vous, habillez-vous et continuez le cours de votre journée en conscience sphérique.

12. Une fois que vous parvenez à rester en conscience sphérique pendant le processus de bain basique que j'ai décrit plus haut, oubliez la forme et faites ce qui vous paraît bon pendant que vous êtes dans votre bain. Suivez vos sensations à partir d'une conscience sphérique profonde.

Les jours de maladie (Chapitre 17)

1. Si vous ne vous sentez pas en forme un matin, vous pouvez oublier le bain froid, et même la douche froide, utilisez plutôt la méthode du lavabo.
2. Si votre niveau d'énergie est extrêmement bas, que vous ayez de la fièvre, des frissons ou tout signe de maladie, évitez toute forme d'entraînement par le froid, car cela peut affaiblir le corps davantage. Reposez-vous ces jours-là.
3. Si vous n'êtes pas malade, mais que votre énergie est basse, vous pouvez continuer votre entraînement par le biais de la méthode du lavabo détaillée dans le chapitre 8.

Les symptômes d'hypothermie (Chapitre 17)

- Les frissonnements
- La difficulté à articuler ou les marmonnements
- La respiration faible ou lente
- Le pouls faible
- La maladresse ou le manque de coordination
- La somnolence ou un niveau d'énergie extrêmement faible
- La confusion ou la perte de mémoire
- La perte de conscience

Les facteurs de risques de l'hypothermie (Chapitre 17)

- La fatigue ou l'épuisement réduit votre tolérance au froid.
- L'âge peut réduire la capacité du corps à réguler la température du corps et à sentir les symptômes de l'hypothermie.
- À l'adolescence le corps perd de la chaleur plus vite que la plupart des adultes.

- Les troubles mentaux comme la démence et d'autres problèmes de santé peuvent interférer avec le jugement ou la conscience de l'apparition des symptômes de'hypothermie.

- L'alcool provoque la dilatation des vaisseaux sanguins, ce qui peut donner au corps une impression de chaleur. À cause de cette dilatation des vaisseaux sanguins alors qu'ils devraient au contraire se contracter pour se protéger du froid, le corps perd sa chaleur très rapidement. De plus, l'alcool réduit la réponse naturelle de frissonnement, qui est l'un des premiers signes vous indiquant que vous devez sortir de l'eau. Avec l'alcool, il existe aussi un risque de s'évanouir dans l'eau.

- Les drogues récréatives affectent le jugement et peuvent mener à un évanouissement dans l'eau froide.

- Les troubles affectant la régulation de la température corporelle comme hypothyroïdie, l'anorexie mentale, le diabète, les AVC, l'arthrite grave, la maladie de Parkinson, les chocs et les lésions médullaires peuvent augmenter le risque d'hypothermie.

- Les médicaments comme les antidépresseurs, les neuroleptiques, les antidouleurs et les sédatifs peuvent réduire la capacité du corps à réguler la chaleur.

La méditation par bain froid (Chapitre 17)

1. Avant de commencer votre entraînement à l'eau froide, programmez 10 minutes sur un minuteur pour vous rappeler de sortir avant de dépasser ce temps.

2. Assurez-vous d'être en conscience sphérique avant d'entrer dans votre bain froid.

3. Voyez si vous pouvez entrer et vous asseoir dans votre bain dans un mouvement unique, sans efforts et fluide sans pause ni précipitation.

4. Une fois assis, sans pause ni précipitation, étendez vos jambes de manière à les immerger totalement dans l'eau.

5. Une fois que vos jambes sont totalement mouillées, retenez votre respiration et allongez-vous dans votre bain aussi gracieusement que possible, de façon à immerger totalement votre tête et votre buste.

6. Restez sous l'eau aussi longtemps que vous pouvez retenir votre respiration sans que ce soit inconfortable, en restant en conscience sphérique.

7. Une fois prêt à prendre une inspiration, asseyez-vous et détendez-vous complètement pour atteindre une profonde méditation.

8. En étant assis, la chaleur de votre corps va réchauffer l'eau qui vous entoure directement et cela va créer une sorte de barrière isolante entre vous et l'eau la plus froide. De temps à autre, faites des mouvements avec vos mains et vos jambes pour déplacer l'eau autour de votre corps de façon ressentir l'eau la plus froide possible.

9. Après à peu près une minute assis en méditation, retenez votre souffle et immergez à nouveau la partie supérieure de votre corps avec grâce, jusqu'à être prêt à expirer.

10. Une fois la limite des 10 minutes atteintes (ou avant si vous ressentez tout signe d'hypothermie), sortez de la baignoire avec grâce en conscience sphérique.

11. Séchez-vous, habillez-vous et continuez le cours de votre journée en conscience sphérique.

12. Une fois que vous parvenez à rester en conscience sphérique pendant le processus de bain basique que j'ai décrit plus haut, oubliez la forme et faites ce qui vous paraît bon pendant que vous êtes dans votre bain. Suivez vos sensations pendant votre conscience sphérique.

La vision à rayon X (Chapitre 18)

1. Les yeux ouverts, imaginez que vous avez une vision à rayon X qui vous permet de voir à travers les murs, les portes, les couloirs, etc., qui se trouvent au-delà de votre vision.

2. Si vous êtes en extérieur, vous pouvez visualiser la configuration du terrain, les arbres, les collines, les rivières, etc., qui se trouvent au-delà de vision.

3. Créez une carte mentale 3D, peu détaillée de votre environnement de telle sorte que si vous fermiez les yeux, vous pourriez imaginer l'ensemble de l'espace incluant les objets évidents comme les meubles.

Tourner avec la vision à rayon X (Chapitre 18)

1. Levez-vous et regardez autour de vous pour créer une carte mentale de votre environnement.
2. Une fois que votre environnement est cartographié, étendez votre conscience à l'ensemble de la zone de manière sphérique comme vous l'avez déjà appris.
3. Une fois que votre conscience est étendue, fermez les yeux en activant votre vision à rayon X imaginaire, et commencez à tourner sur vous-même sur place comme l'aiguille d'une montre.
4. Pendant que vous tournez lentement les yeux fermés, sélectionnez un objet comme une pièce, ou une porte à pointer du doigt après avoir effectué plusieurs rotations à 360 degrés.
5. Dès que vous avez l'impression que cette pièce ou cet objet est aligné avec votre nez, arrêtez-vous et pointez-le ou la du doigt avec les yeux toujours fermés.
6. Ouvrez les yeux pour vérifier si vous avez fait preuve de précision.

La vue topographique (Chapitre 18)

1. Dans un état méditatif, imaginez votre « œil spirituel » s'élever de votre corps, haut dans le ciel pour regarder vers le bas et observer la topographie qui vous entoure.
2. Au fur et à mesure de vos déplacements, mettez à jour votre vue topographique.

Le jeu de l'assassin (Chapitre 18)

Pour ce jeu, vous imaginerez que les autres personnes sont des assassins qui ont pour but de vous abattre.

1. Étendez votre conscience sphérique à l'ensemble de l'espace de votre domicile par exemple, en ayant l'objectif de sentir où sont les membres de votre famille à chaque instant.
2. Pour marquer un point, vous devez remarquer une personne qui vous approche avant qu'elle se trouve à moins de 3 mètres de vous.

3. Si on vous approche à moins de 3 mètres avant que vous ne le remarquiez, alors vous pouvez considérer que vous avez été assassiné. Dans ce cas, votre adversaire marque un point.
4. À la fin de chaque journée, faites le compte de vos assassinats évités comparés aux assassinats réussis.
5. Augmentez la difficulté au fur et à mesure que vous gagnez en compétence, en augmentant la distance à laquelle vous devez repérer votre assassin.

Les angles morts (Chapitre 18)

1. Dans un état méditatif, commencez à être attentifs à ce que vous regardez lorsque vous marchez chez vous, lorsque vous conduisez en allant au travail et en rentrant et lorsque vous visitez d'autres endroits qui vous sont familiers.
2. Remarquez quelles zones et quelles choses vous regardez systématiquement à chacun de vos passages. Remarquez également les endroits que vous avez tendance à manquer à chaque passage également.
3. Une fois que vous commencez à percevoir vos angles morts, essayez aussi de remarquer les angles morts des membres de votre famille et de vos voisins.
4. Observez également leurs habitudes et leurs schémas récurrents. Vous pouvez par exemple être attentif à l'heure à laquelle ils ont tendance à aller récupérer leur courrier, sortir la poubelle, aller au travail, revenir du travail, etc.
5. Amusez-vous !

La conscience du pas de la porte (Chapitre 18)

Le but de ce jeu est de vous rappeler d'être en conscience sphérique et dans la meilleure position possible chaque fois que vous passez par une porte ou un autre passage étroit.

1. Utilisez tous les pas de porte, les couloirs et autres espaces étroits, y compris chez vous, comme rappels pour vous reconnecter à votre conscience sphérique.
2. Essayez d'être le dernier à entrer ou sortir en empruntant une porte.

Le positionnement du siège (Chapitre 18)

1. Utilisez la conscience sphérique pour noter la configuration générale du bâtiment et la présence de sorties.
2. Notez quelle table permet d'avoir le siège le plus sûr pour s'asseoir et observer.
3. Essayez de choisir la table qui présente le moins d'angles d'attaque possible tout en vous permettant d'avoir la meilleure vue possible sur l'ensemble de l'espace. Une table placée dans un coin vous permettra d'avoir le meilleur point de vue sans exposer votre dos.
4. Évitez de vous asseoir à côté de fenêtres, de portes, de couloirs ou au milieu d'une pièce.
5. Si la table idéale n'est pas disponible, portez votre choix sur la deuxième meilleure option avec un bon point de vue et relativement peu d'angles d'attaque possibles.
6. Une fois que vous avez trouvé la meilleure table possible, voyez si vous parvenez à inciter votre groupe à s'installer à cette table.
7. Après vous être installé à la table sélectionnée, il vous faudra choisir le siège le plus avantageux pour remplir votre mission imaginaire de protection. Ce siège vous permettra d'avoir une conscience visuelle optimale de l'ensemble de l'espace tout en vous permettant d'avoir le plus de liberté de mouvement possible.

Les sorties alternatives (Chapitre 18)

1. Lorsque vous êtes dans un restaurant ou d'autres bâtiments, utilisez la conscience sphérique pour cartographier mentalement la configuration des lieux.
2. Notez toutes les fenêtres et portes qu'il est possible d'ouvrir.
3. Jetez un œil aux cuisines pour savoir s'il y a une porte de service.
4. Regardez également si une porte ou des fenêtres peuvent être utilisées comme sorties dans les toilettes.

Les rappels temporels (Chapitre 19)

1. Regardez l'heure. Entrez en conscience sphérique en étant détendu et maintenez cet état jusqu'à sentir que vous êtes dans un état méditatif.

2. Dès que vous sentez que vous êtes dans un état méditatif, détournez le regard de l'heure et concentrez-vous intentionnellement afin de sortir de votre état méditatif.
3. Regardez de nouveau l'heure et entrez de nouveau en conscience sphérique.
4. Une fois en méditation, détournez le regard et concentrez-vous pour revenir à des ondes cérébrales bêta.
5. Répétez le processus 5 à 10 fois au moins.

Tester le rappel (Chapitre 19)

1. Une fois que vous avez programmé votre rappel, ne pensez plus à la méditation et vaquez à vos occupations quotidiennes.
2. Si le rappel fonctionne, la prochaine fois que vous regarderez l'heure, vous vous souviendrez de méditer.
3. Si le rappel ne fonctionne pas, cela signifie que vous devez passer plus de temps à programmer votre rappel dans votre esprit.
4. Une fois que vous avez programmé un rappel, vous devez maintenir cette association active pour que le rappel continue à fonctionner.
5. Pour maintenir le rappel, vous devez méditer chaque fois que vous voyez l'heure, même si ce n'est que brièvement.
6. Si vous ne méditez pas lorsque vous voyez l'heure, alors vous défaites cette association.

Les rappels par l'asymétrie (Chapitre 19)

1. Retournez un vase.
2. Inclinez intentionnellement une photo ou une peinture accrochée à vos murs.
3. Décalez légèrement les meubles.
4. Chaque fois que vous voyez une asymétrie quelque part, c'est un rappel pour méditer.

Le jeu d'asymétrie (Chapitre 19)

1. Impliquez les membres de votre famille ou vos colocataires en leur demandant de créer des asymétries qu'il vous faudra trouver.

2. Corrigez les asymétries lorsque vous les repérez.
3. En fin de journée, vérifiez auprès de vos proches si vous avez bien trouvé les asymétries qu'ils ont créées.
4. Si les asymétries sont trop subtiles pour que vous les remarquiez, demandez-leur de créer des asymétries plus évidentes.
5. Si les asymétries sont trop faciles à remarquer, pensez à leur demander de faire de plus petits ajustements pour augmenter le niveau de difficulté.

Transformer l'Imposteur (Chapitre 20)

1. Entrez dans la douche, tenez-vous directement sous le pommeau de douche en le regardant avec l'intention d'ouvrir le robinet dans la position la plus froide possible. Soyez attentif au moindre signe de l'Imposteur.
2. Notez toute tension, hésitation, anxiété ou autres sentiments négatifs.
3. Notez la moindre anxiété.
4. Une fois que vous remarquez les signes de l'Imposteur, voyez si vous parvenez à identifier d'où cela vient dans votre corps.
5. Toujours en regardant le pommeau de douche, prêt à ouvrir le robinet, observez ce sentiment et repérez-le en pointant du doigt l'endroit d'où il semble provenir dans votre corps.
6. Ouvrez le robinet d'eau, avec l'objectif d'affaiblir l'anxiété et de vous libérer de la peur et de la négativité.
7. Tenez-vous sous le pommeau de douche jusqu'à ce que l'anxiété se dissipe.
8. Fermez le robinet d'eau et restez là debout pendant 15 à 20 secondes.
9. Regardez le pommeau de douche à nouveau en étant déterminé à réaliser un deuxième tour.
10. Notez si vous ressentez la moindre hésitation ou anxiété.
11. Placez votre doigt sur l'endroit où vous ressentez ces sentiments dans votre corps.
12. Ouvrez le robinet de douche encore une fois.
13. Relâchez toute résistance jusqu'à avoir un grand sourire sur votre visage.
14. Répétez ce processus encore et encore jusqu'à ce que l'hésitation ait totalement disparu.

Remarque : si vous remarquez des frissonnements ou tout autre signe d'hypothermie, comme listés dans le chapitre 17, même s'il y a encore un peu d'hésitation, arrêtez-vous là, tout en ayant la volonté de répéter le même procédé le lendemain.

On se réveille ! (Chapitre 21)

Comment se réveiller tôt en ayant l'esprit clair :
- Avant d'aller au lit, ayez l'intention d'imaginer dès le réveil qu'un intrus est présent dans la pièce et que vous devez vous lever immédiatement pour vous protéger vous et votre famille.
- Avant d'aller au lit, établissez un plan d'action détaillé pour la première heure de votre journée.
- Placez votre réveil hors de portée de main, de manière à devoir quitter votre lit pour pouvoir l'éteindre.

La salle de bain (Chapitre 21)

1. Une fois hors du lit, allez immédiatement vider votre vessie puis en pleine méditation, rendez visite à votre professeur : le froid.
2. Une fois que vous avez fini d'uriner, ouvrez une fenêtre pour laisser entrer l'air frais. Dans un état méditatif, ressentez et sentez la fraîcheur de l'air.
3. Observez le monde qui vous entoure.
4. Si vous vous apprêtez à pratiquer les sons primaires, pensez à fermer la fenêtre pour ne pas déranger vos voisins, si vous en avez.
5. Prenez votre douche froide ou votre bain froid en état méditatif. N'oubliez pas de sourire !

Sortir de la salle de bain (Chapitre 21)

1. Sortez de la salle de bain en conscience sphérique.
2. Scannez votre maison, et utilisez votre vision à rayon X.
3. Déplacez-vous silencieusement en pleine conscience comme si vous étiez à la recherche d'un intrus.

4. Voyez si vous parvenez à repérer les membres de votre famille et à savoir ce qu'ils font avant qu'ils soient dans votre champ de vision. Rendez l'exercice amusant !

5. Si vous êtes un adepte de café ou de thé, pendant la préparation de votre boisson, soyez attentif à l'ensemble de l'espace autour de vous en faisant quelque chose de productif.

La journée (Chapitre 21)

1. Vaquez à vos occupations habituelles en étant attentif aux rappels que vous avez définis.

2. Chaque fois que vous remarquez un rappel, assurez-vous d'entrer en conscience sphérique, même si ce n'est que brièvement.

3. Chaque fois que vous êtes en conscience sphérique, essayez de réduire les efforts nécessaires pour atteindre la conscience sphérique et de maintenir cet état plus longtemps que la fois précédente.

4. Au cours de votre journée, soyez attentif à l'Imposteur qui justifie, repousse, évite, critique et condamne.

5. Chaque fois que vous remarquez cette énergie, adoucissez votre espace intérieur et retournez à la conscience sphérique.

Aller dormir (Chapitre 21)

1. Avant de vous mettre au lit, faites un compte rendu de votre journée.
   - Quelles sortes d'envies et de compulsions avez-vous ressenties ?
   - Y avez-vous cédé ?
   - Avez-vous fait quelque chose de stimulant, mais pas significatif ? Si oui, quoi ?
   - Avez-vous pris part à des habitudes inutiles et des conforts distrayants ?

2. Avant d'aller au lit, établissez un plan d'action pour faire plus de choses stimulantes, significatives, utiles et nécessaires, selon vos propres définitions, et vous engager dans moins de conforts distrayants.

3. Fixez votre objectif de vous réveiller l'esprit clair et de passer plus de temps en pleine conscience qu'aujourd'hui.

4. Faites attention à ne pas vous blâmer, à ne pas avoir honte ou à ne pas vous culpabiliser. Maintenez le caractère amusant de ce jeu.

Aperçu de La méditation du guerrier

Le livre allant de pair avec *La conscience inébranlable*

La méditation du guerrier par Richard L. Haight, auteur primé de *The Unbound Soul,* enseigne une forme de méditation originale, instinctive et non religieuse qui s'est perdue au fil du temps. Richard L. Haight, maître de quatre arts martiaux samouraïs, partage le secret le mieux gardé au monde dans les domaines du développement personnel, du perfectionnement cognitif et du soulagement du stress, qu'il appelle la Méditation du Guerrier.

Pour tous les milieux, genres et âges.

Vous vous demandez en quoi l'expérience du samouraï peut se rapprocher de votre vie moderne. Après tout, aucune armée ni aucun assassin ne semblent essayer de vous attaquer, vous ou votre ville. En un sens, nous ne sommes pas si différents des samouraïs. Avec nos vies bien remplies, nous ne pouvons pas nous permettre de passer des heures à méditer quotidiennement. Dans notre monde au rythme effréné où nous sommes soumis à énormément de pression, nous avons plutôt besoin d'une méditation qui permette à nos actions de découler d'un état de conscience profonde. La méditation du guerrier vous aide à y accéder naturellement et à vous exprimer depuis cette profondeur. La méditation du guerrier ne ressemble à aucune autre méditation. Cette méthode est flexible dans son application et s'intègre à votre quotidien, quelles que soient vos journées. Grâce à de courtes sessions quotidiennes, les nombreux bienfaits cognitifs et physiques de la méditation, scientifiquement prouvés, s'ouvriront à vous. Vous n'aurez plus besoin de vous mettre en retrait de la vie pour méditer, car avec la méditation du guerrier, vous pouvez amener le calme, la conscience lucide et la vie vibrante, où que vous soyez. Enfin, vous incarnerez la méditation comme une façon d'être et non comme une simple action.

Autres livres par Richard L. Haight

The Unbound Soul: A Visionary Guide to Spiritual Transformation and Enlightenment

Inspirience: Meditation Unbound: The Unconditioned Path to Spiritual Awakening

The Psychedelic Path: An Exploration of Shamanic Plants for Spiritual Awakening

À propos de l'auteur

Richard L. Haight est l'auteur des best-sellers *La méditation du guerrier* et *The Unbound Soul*, et il est maître instructeur d'arts martiaux, de méditation et d'arts de la guérison. Richard a commencé son entraînement formel aux arts martiaux à l'âge de 12 ans et s'est installé au Japon à 24 ans pour approfondir sa maîtrise des arts du sabre, du bâton et du aiki-jujitsu.

Durant ces 15 années passées au Japon, Richard a obtenu des licences de maître dans quatre arts samouraïs ainsi qu'un art de guérison traditionnel appelé le Sotai-ho. Richard est l'un des principaux experts d'arts martiaux traditionnels japonais au monde.

Par ces livres, sa méditation et son séminaire d'arts martiaux, Richard Haight contribue à un mouvement planétaire de transformation personnelle, libre de toutes contraintes et ouvert à tous, sans niveau prérequis. Il vit et enseigne désormais dans le sud de l'Oregon, aux États-Unis.

Recevant la licence de maîtrise totale de Maître Shizen Osaki

Kanagawa, Japon, juillet 2012

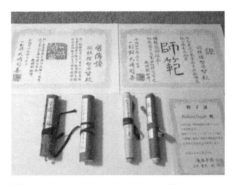

(Haut — de gauche à droite) Licence de maîtrise totale et licence d'instructeur en Daito-ryu-Aikijujutsu

(Rouleaux de maîtrise — de gauche à droite) Daito-ryu Aikijujutsu, Yagyu Shinkage-ryu Hyoho, Shinkage-ryu Jojutsu, Seigo-ryu Battojutsu, Sotai-ho (Licence de maître)

Devant au centre, Shizen Osaki, Sensei

Kanagawa, Japon, octobre 2017

Sources

Bratic, Ana, and Nils-Gorän Larsson. "The Role of Mitochondria in Aging." *Journal of Clinical Investigation* 123:3 (2013): 951–957.

"Hypothermia." Mayo Clinic. <https://www.mayoclinic.org/diseases-conditions/hypothermia/symptoms-causes/syc-20352682>

Pizzorno, Joseph. « Mitochondria-Fundamental to Life and Health. » *Integrative Medicine* 13:2 (2014) : 8-15.

« Raynaud's Phenomenon. » Johns Hopkins Medicine <www.hopkinsmedicinc.org/health/conditions-and-diseases/raynauds-phenomenon>

Spector, Dina. "The Odds of You Being Alive Are Incredibly Small." Business Insider 11 June 2012 <https://www.businessinsider.com/infographic-the-odds-of-being-alive-2012-6>

"Stunning Details of Brain Connections Revealed." ScienceDaily, 17 November 2010. <www.sciencedaily.com/releases/2010/11/101117121803.htm>

"Vagus Nerve." Encyclopaedia Britannica. Accessed 29 June 2020. <www.britannica.com/science/vagus-nerve>

Wigley, Fredrick M. and Nicholas A. Flavahan. "Raynaud's Phenomenon." *New England Journal of Medicine 375:6 (10 August 2016): 556-565.*

Contact

Voici quelques moyens d'en savoir plus sur les enseignements de Richard Haight :

- Site Web : www.richardlhaight.com

- Notifications de publication : www.richardlhaight.com/notifications

- YouTube: Tools of Spiritual Awakening with Richard L Haight

- Facebook: www.facebook.com/richardlhaightauthor

- Email: contact@richardlhaight.com

Cahier d'exercices étape par étape

Chapitre 1 — La neuroplasticité

Suis-je figé dans mes habitudes ?

    Oui   Non

Qu'est-ce qu'une personne qui me connaît bien dirait que sont les domaines dans lesquels je suis figé dans mes vieilles habitudes ?

-
-
-
-
-

Quelles sont mes croyances limitantes ?

-
-
-
-
-

Que puis-je faire dès maintenant pour changer ces croyances ?

-

-

-

-

Les parties de ma vie où je me sens bloqué et que j'aimerais changer :

-

-

-

-

-

Avec le pouvoir de la neuroplasticité, les êtres humains peuvent intentionnellement renforcer certains schémas mentaux. Quelles sont les habitudes saines que vous voulez renforcer aujourd'hui ?

-

-

-

-

-

Qu'ai-je fait aujourd'hui pour changer positivement mes habitudes ?

-

-

-

-

-

Notez la qualité de votre sommeil pendant les dix prochains jours en entourant la description qui convient le mieux.

1.   Mauvaise Plutôt mauvaise Neutre Plutôt bonne Comme un bébé

2.   Mauvaise Plutôt mauvaise Neutre Plutôt bonne Comme un bébé

3.   Mauvaise Plutôt mauvaise Neutre Plutôt bonne Comme un bébé

4.   Mauvaise Plutôt mauvaise Neutre Plutôt bonne Comme un bébé

5.   Mauvaise Plutôt mauvaise Neutre Plutôt bonne Comme un bébé

6.   Mauvaise Plutôt mauvaise Neutre Plutôt bonne Comme un bébé

7.   Mauvaise Plutôt mauvaise Neutre Plutôt bonne Comme un bébé

8.   Mauvaise Plutôt mauvaise Neutre Plutôt bonne Comme un bébé

9.   Mauvaise Plutôt mauvaise Neutre Plutôt bonne Comme un bébé

10. Mauvaise Plutôt mauvaise Neutre Plutôt bonne Comme un bébé

Quelles sont les trois choses que je peux faire pour améliorer la qualité de mon sommeil ?

-

-

-

La perception de soi change au fil du temps. Voici quelques aspects de ma perception de moi-même qui ont changé au fil des ans :

-

-

-

-

-

Prévoyez une année de changements positifs au niveau des émotions, des pensées et des comportements. Voici le top cinq des choses que je vais changer en un an :

-

-

-

-

-

Il est nécessaire de ressentir de l'inconfort pour apprendre quelque chose de nouveau. De quelle manière me suis-je intentionnellement mis au défi pour sortir de ma zone de confort aujourd'hui ?

-

-

-

-

Quelles sont les habitudes négatives ou inutiles que je cherche à protéger à travers le déni ou les justifications ?

-

-

-

-

-

Quels sont les discours intérieurs que j'utilise pour protéger mes habitudes négatives ?

Par ordre de priorité, les habitudes négatives dont je suis le plus disposé à me débarrasser sont les suivantes :

1.

2.

3.

4.

5.

Chapitre 2 – La stimulation du nerf vague

Ai-je pratiqué la stimulation du nerf vague aujourd'hui ?

Oui   Non

Comment me sentais-je avant la stimulation du nerf vague ?

Anxiété :

Extrêmement faible Faible Normale Élevée Extrêmement élevée

Motivation positive :

Extrêmement faible Faible Normale Élevée Extrêmement élevée

Lucidité :

Extrêmement faible Faible Normale Élevée Extrêmement élevée

Comment me suis-je senti après avoir effectué la stimulation du nerf vague trois fois ?

Anxiété :

Extrêmement faible Faible Normale Élevée Extrêmement élevée

Motivation positive :

Extrêmement faible Faible Normale Élevée Extrêmement élevée

Lucidité :

Extrêmement faible Faible Normale Élevée Extrêmement élevée

Ai-je remarqué un changement au niveau de mon pouls ou de ma pression artérielle durant la respiration vagale ?

Oui   Non   Je ne suis pas sûr

Quel effet cela fait-il de faire la stimulation du nerf vague trois fois ?

_____

_____

_____

_____

_____

_____

_____

_____

Ai-je le sentiment que la pratique quotidienne de la stimulation du nerf vague serait bénéfique pour moi ?

    Oui   Non   Je ne suis pas sûr

Pourquoi est-ce que je ressens cela ?

_____

_____

_____

_____

_____

_____

_____

_____

En m'appuyant sur le chapitre 1, comment vais-je intégrer la respiration vagale à ma vie quotidienne ?

_____

_____

_____

_____

_____

_____

_____

_____

_____

Chapitre 3 — Les autres changements corporels

De mon propre point de vue, voici comment je classe la force de mes vaisseaux sanguins :

    Très faible   Faible   Normale   Forte Très forte

De mon propre point de vue, voici comment je classe la force de mes mitochondries :

    Très faible   Faible   Normale   Forte Très forte

Ai-je le sentiment que des vaisseaux sanguins plus forts et des mitochondries plus saines m'aideraient à être en pleine conscience plus régulièrement ?

    Oui   Non   Je ne suis pas sûr

Pourquoi ai-je cette impression ?

_____

_____

_____

_____

_____

_____

_____

_____

_____

Ma réponse vient-elle d'une grande pratique de la MIT, d'un apprentissage autre ou est-ce une supposition ?

- Une grande expérience de la MIT
- Un apprentissage autre
- Juste une supposition

Chapitre 4 – Les sons primaires

Puis-je comprendre le point de vue des anciens en ce qui concerne les sons sacrés ?

Oui   Non   Je ne suis pas sûr

Puis-je sentir le passage des ondes cérébrales bêta aux ondes cérébrales alpha lorsque je produis les sons primaires ?

Oui   Non   Je ne suis pas sûr

Ai-je remarqué que les sons secondaires ne peuvent pas être maintenus tout au long d'une respiration comme les sons primaires ?

Oui   Non   Je ne suis pas sûr

Est-ce que je me sens plus calme et plus conscient après avoir psalmodié les sons primaires ?

Oui   No   Je ne suis pas sûr

Chapitre 5 – Les dimensions sonores

Puis-je sentir le son « Ah » se propager dans mon corps ?

Oui   Non   Je ne suis pas sûr

Une fois que j'ai senti les dimensions de chacun des sons, comment puis-je décrire les dimensions de chacun d'entre eux, comme je les ai ressenties, en une ligne ?

Ah_____

_____

Ee_____

_____

Eu_____

_____

Eh_____

_____

Oh_____

_____

Mnn_____

_____

Nnn_____

_____

Chapitre 6 — La thérapie sonore

Est-ce que j'aime chanter les sons primaires ?

    Oui   Non   Je ne suis pas sûr

À quel point suis-je capable de trouver clairement le son et la hauteur qui semblent les plus bénéfiques pour mon corps ?

    Pas du tout   J'ai une vague sensation   Je sens clairement le son bénéfique

À quel point suis-je capable de trouver clairement le son et la hauteur auxquels mon corps semble le plus réticent ?

    Pas du tout   J'ai une vague sensation   Je sens clairement le son bénéfique

Ai-je mis fin à la pratique par le son qui m'est le plus bénéfique ?

    Oui   Non   Je ne suis pas sûr

Chapitre 7 — La purification par l'eau

Dans l'absence de connaissances scientifiques, pourrais-je m'identifier au point de vue des anciens concernant les esprits ?

    Oui   Non   Je ne suis pas sûr

Puis-je comprendre pourquoi les anciens ont pu penser que l'immersion dans l'eau froide exorcisait les mauvais esprits ?

    Oui   Non   Je ne suis pas sûr

Quelles sont les expériences émotionnelles que j'ai pu vivre qui auraient pu être décrites par les anciens comme des « esprits » ?

_____

_____

_____

_____

_____

_____

_____

_____

Quels sont certains des « esprits » chez mon partenaire, mes amis ou les membres de ma famille, que j'aimerais voir disparaître ?

_____

_____

_____

_____

_____

_____

_____

_____

Quels sont les « esprits » en moi que j'aimerais voir disparaître ?

_____

_____

_____

_____

_____

_____

_____

_____

Quelles sont les émotions négatives que j'aimerais voir disparaître ?

_____

_____

_____

_____

_____

_____

_____

_____

_____

_____

Chapitre 8 — Le défi de l'eau

Comment me suis-je senti juste avant de commencer la douche froide ?

_____

_____

_____

_____

_____

_____

Comment me suis-je senti juste après la douche ?

_____

_____

_____

_____

_____

_____

La pratique a-t-elle modifié mon état émotionnel et mon niveau d'énergie ?

Oui   Non   Je ne suis pas sûr

Ai-je l'impression que la respiration de feu m'a aidée à contrôler ma respiration ?

Oui   Non   Je ne suis pas sûr

Si la respiration de feu m'a aidé, combien de temps a-t-il fallu pour réguler ma respiration ?

Environs ___ seconde(s)/minute(s)

J'ai pu rester sous la douche froide pendant ___ minutes.

Demain, mon objectif est de rester sous la douche froide pendant ___ minutes.

En gardant la sécurité et la progression à l'esprit, quelle est l'approche la plus appropriée pour les douches froides ?

La douche froide complète   La méthode graduelle   La méthode du lavabo

Mon approche concernant les douches froides a-t-elle évolué au fil du temps ?

Oui   Non

Chapitre 9 – S'adapter aux problèmes de santé

Est-ce que je ressens des symptômes du Syndrome de Raynaud ? Si oui, comment prendre soin de moi notamment en ce qui concerne les douches froides et le régime alimentaire ?

_____

_____

_____

_____

_____

Ai-je d'autres problèmes de santé qui peuvent rendre les douches froides particulièrement difficiles ?

_____

_____

_____

_____

_____

Que pense mon médecin de ma pratique des douches froides ?

_____

_____

_____

_____

_____

Chapitre 10 — Mesurer les progrès

Ai-je été capable de produire un son « Ah » clair et stable pendant la douche froide ?

Non   Presque   Parfaitement

Ai-je essayé d'autres sons primaires en dehors du son « Ah » ? Comment cela s'est-il passé ?

_____

_____

_____

_____

_____

Ai-je remarqué une amélioration de ma capacité à produire des sons primaires sous la douche grâce à ma pratique ?

Oui   Non   Je ne suis pas sûr

Comment ma capacité à demeurer conscient sous l'effet du stress a-t-elle changé suite à ma pratique des douches froides intentionnelles ?

_____

_____

_____

_____

_____

Chapitre 11 — La gestion de la crainte

Ai-je pris une douche froide au moment de la journée où mon niveau d'énergie était au plus haut ?

Oui   Non   Je ne suis pas sûr

Quel était mon degré de résistance mentale et physique à l'idée de prendre une douche froide au moment où mon niveau d'énergie est au plus haut ? Combien de temps suis-je resté sous la douche ?

_____

_____

_____

_____

_____

Ai-je pris une douche froide au moment de la journée où mon niveau d'énergie était au plus bas ?

Oui   Non   Je ne suis pas sûr

Quel était mon degré de résistance mentale et physique à l'idée de prendre une douche au moment où mon niveau d'énergie était au plus bas ? Combien de temps suis-je resté sous la douche ?

_____

_____

_____

_____

_____

Quel a été mon discours intérieur sur les douches froides ?

_____

_____

_____

_____

_____

_____

Est-ce que je crois que les pensées et les sentiments de résistance sont mon vrai moi, ou est-ce que je sens qu'ils ne sont que des voies neurales habituelles ?

Oui   Non   Je ne suis pas sûr

Est-ce que je ressens de la culpabilité ou de la honte lorsque ces pensées ou sentiments apparaissent, ou suis-je capable de simplement les observer ?

Culpabilité   Honte   Culpabilité et Honte Je les observe simplement

Ai-je déjà remarqué les mêmes discours internes de résistance dans des aspects de ma vie autres que les douches froides ?

Oui   Non   Je ne suis pas sûr

Voici les discours internes de résistance que je rencontre au quotidien.

-

-

-

-

-

Quels sont les pensées et les sentiments auxquels je m'identifie en ce moment ?

-

-

-

-

-

Quand et comment se présentent-ils pendant la journée ?

_____

_____

_____

_____

_____

_____

_____

_____

Ai-je remarqué une diminution de l'identification avec des pensées ou des sentiments en particulier grâce à l'entraînement sous pression à la douche froide ?

Oui   Non   Je ne suis pas sûr

Si vous avez répondu « Oui », énumérez les pensées et les sentiments qui ont réduit leur emprise sur votre identité.

-

-

-

-

-

Chapitre 12 — Guider l'esprit

Pour guider mon esprit, est-ce que j'utilise l'approche graduelle pour les douches froides ?

À chaque fois   Parfois   Jamais

L'approche graduelle m'a-t-elle aidé à progresser lentement jusqu'à prendre une douche froide complète ?

Oui   Non   Je ne suis pas sûre

Le fait de me laisser des choix a-t-il réduit la résistance ?

Oui   Non   Je ne suis pas sûr

Chapitre 13 — Guider le corps

Quelles stratégies d'évitement mon subconscient a-t-il utilisées afin d'éviter de prendre des douches froides ?

-

-

-

-

-

Dans quel pourcentage de temps suis-je capable d'inciter mon corps à prendre une douche froide ?

Environ _____%

Quelles stratégies de négociation fonctionnent systématiquement pour moi ?
Listez-les par ordre d'efficacité :

1.

2.

3.

Chapitre 14 – La puissance d'Une Respiration

Selon le principe « Une Respiration », que puis-je faire pour m'assurer de passer à l'action lorsque j'ai une idée, un objectif ou une intention ?

_____

_____

_____

_____

_____

_____

_____

_____

Quelles sont les idées sur lesquelles je peux passer à l'action tout de suite en les écrivant ?

_____

_____

_____

Chapitre 15 – La méditation MIT de base

Suis-je conscient des moments où mon esprit est concentré en excluant le reste ?

Oui   Non   Occasionnellement   Pas sûr

Suis-je attentif aux différents états de mon esprit durant la journée ?

Oui   Non   Occasionnellement

Suis-je agacé lorsque quelque chose vient interrompre ma concentration ?

À chaque fois   Parfois   Rarement   Jamais

Durant la méditation par la conscience visuelle, ai-je remarqué une différence entre l'état d'ondes alpha du champ visuel détendu et l'état d'ondes bêta de l'attention focalisée ?

Oui   Non   Je ne suis pas sûr

Comment est-ce que je me sens avant de méditer comparer à pendant la méditation ?

_____

_____

_____

_____

_____

_____

_____

_____

Comment s'est passée mon expérience de méditation sous la douche froide ? Quelles difficultés ai-je ressenties ? Ai-je été capable de rester en état de méditation ? Qu'ai-je aimé dans cette expérience ?

_____

_____

_____

_____

_____

_____

_____

_____

_____

Chapitre 16 — La conscience sphérique

Comment s'est passée ma première expérience de conscience sphérique ?

Ai-je réussi à atteindre la conscience sphérique sous la douche lors de la première tentative ?

Oui   Non   Je ne suis pas sûr

Voici comment s'est déroulé mon premier essai de conscience sphérique sous la douche :

_____

_____

_____

_____

_____

_____

_____

_____

Chapitre 17 — L'entraînement corporel intensif

Qu'ai-je remarqué dans le fait de prendre une douche froide après avoir chargé mon corps de chaleur ?

_____

_____

_____

_____

_____

_____

Qu'est-ce qui relève le plus du défi pour ma méditation en ce moment : les douches froides ou les bains froids ?

Les douches froides   Les bains froids   Je ne suis pas sûr

Comment s'est déroulée ma première expérience de bain froid ?

_____

_____

_____

_____

_____

_____

_____

_____

_____

_____

_____

_____

_____

_____

_____

_____

_____

_____

Chapitre 18 — Exercices et jeux de conscience

Quels jeux et exercices ai-je pratiqués ? Cochez-les.

La vision à rayon X

Tourner en vision à rayon X

La vue topographique

Le jeu de l'assassin

Les angles morts

La conscience du passage

Le positionnement du siège

Les issues alternatives

Quels sont mes exercices et jeux favoris ? Faites la liste de vos trois préférés.

1.

2.

3.

Qu'ai-je remarqué en jouant à ces jeux et ces exercices particuliers ?

_____

_____

_____

_____

_____

_____

_____

_____

_____

Est-ce que c'est resté une démarche amusante ?

    Oui   Non   Je ne suis pas sûr

Y a-t-il des jeux ou exercices que je n'ai pas aimés ? Faites-en la liste.

-

-

-

Pourquoi n'ai-je pas aimé ces jeux et exercices ?

_____

_____

_____

_____

_____

_____

_____

_____

_____

_____

_____

_____

Quels exercices ou jeux dois-je pratiquer davantage ? Faites-en la liste.

-

-

-

Chapitre 19 – Les rappels quotidiens

Je pense que les rappels temporels vont m'être utiles.

    Vrai   Faux

J'ai réussi à programmer mon cerveau pour qu'il me rappelle de méditer chaque fois que je vois l'heure.

    Vrai   Faux

Quels sont les autres types de rappels que j'utilise dans la journée ?

-

-

-

-

-

-

Quel type de rappel semble le mieux fonctionner pour moi ? Faites-en la liste par ordre d'efficacité.

1.

2.

3.

Chapitre 20 – Le cœur du chaos

Ai-je déjà remarqué la voix de l'Imposteur ?

Oui   Non   Je ne suis pas sûr

Ai-je tendance à remarquer immédiatement la voix de l'Imposteur lorsqu'elle apparaît ?

Jamais   Presque jamais   Occasionnellement   Souvent   Toujours

Quel a été un des discours de l'Imposteur dont j'ai fait l'expérience aujourd'hui ?

_____

_____

_____

_____

_____

_____

_____

Où était-il centré dans mon corps ?

_____

_____

_____

_____

_____

Ai-je cédé aux envies et aux compulsions de l'Imposteur aujourd'hui ?
Quelle était l'envie ou la compulsion à laquelle j'ai cédé ? Quel a été le
résultat ?

Si j'ai réussi à me dissuader de suivre l'Imposteur, comment l'ai-je ressenti
et quel a été le résultat ?

Chapitre 21 — L'incarnation au quotidien

Je me suis réveillé l'esprit clair aujourd'hui.

    Tout à fait d'accord   D'accord   Pas sûr   Pas d'accord   Pas du tout d'accord

J'ai une puissante motivation qui me pousse à me lever immédiatement après le réveil.

    Tout à fait d'accord   D'accord   Pas sûr   Pas d'accord   Pas du tout d'accord

J'écris mes intentions le soir pour la journée du lendemain pour être motivé à me lever dès le réveil.

    Vrai   Faux

Dès le réveil, je pratique les sons primaires et je prends une douche froide.

    Vrai   Faux

Je joue à un jeu de conscience chaque jour pour renforcer mon attention.

    Vrai   Faux

Je programme des rappels dans mon environnement pour m'aider à rester en conscience sphérique au cours de la journée.

    Vrai   Faux

Avant d'aller me coucher, je fais un bilan de la journée en me posant les questions suivantes :

-

-

-

-

-

Ai-je remarqué l'Imposteur aujourd'hui ? Si oui, ai-je été capable d'adoucir mon espace intérieur et de retourner à la conscience ?

    Oui   Non   Oui et Non

Ai-je pris part à des habitudes inutiles ou des conforts distrayants ?

    Oui   Non

Ai-je fait quelque chose de stimulant, mais pas significatif ? Si oui, quoi ?

_____

_____

_____

_____

_____

Ai-je accompli toutes les choses que j'avais prévues pour aujourd'hui ?

    Oui   Non

Ai-je l'objectif de passer un peu plus de temps en pleine conscience par rapport à la veille ?

    Oui   Non

Me suis-je amusé avec la conscience ?

    Oui   Non

Qu'ai-je fait pour que cette journée soit bonne ?

_____

_____

_____

_____

_____

_____

_____

_____

_____

_____

_____

_____

_____

_____

Chapitre 22 – La transformation

Quels changements positifs ai-je remarqués à la suite de la pratique de la Méthodologie de l'Incarnation totale ?

_____

_____

_____

En moyenne, environ 66 jours sont nécessaires pour établir une habitude saine, mais pour certaines personnes une année entière peut être nécessaire. Un excellent moyen de contribuer à l'établissement d'une pratique saine de la MIT consiste à tenir un calendrier d'activités que vous cocherez à la fin de chaque journée. Le fait de respecter ce programme d'activités chaque jour vous aidera considérablement.

Veuillez télécharger le calendrier imprimable.
www.richardlhaight.com/uaworkbook

Formation à la méditation guidée au quotidien avec Richard Haight

Si vous souhaitez recevoir plus d'instructions pratiques sur sa méditation et ses enseignements, vous pouvez obtenir une formation gratuite de 30 jours à la méditation guidée MIT avec Richard L Haight. Des milliers de personnes le font déjà tous les jours !

Rendez-vous sur : www.richardlhaight.com/services

Printed in France by Amazon
Brétigny-sur-Orge, FR

15193005R10117